JN337074

オープンウォーター
スイミング教本 改訂版

公益財団法人 日本水泳連盟 編

OPEN WATER SWIMMING

大修館書店

まえがき

　公益財団法人日本水泳連盟は、本年10月31日、創立90周年を迎えます。その長きにわたる歴史は、「水泳ニッポン」の成長と発展の歩みに他なりません。オリンピックをはじめとする国際大会における近年の好成績は、先達の築かれた礎という「土壌」に、選手、指導者、関係者のたゆまぬ努力という「種と水」が相まって咲いた花と言えましょう。これからも大輪の花が咲き続けるように、本連盟は水泳の競技力向上と普及・振興を推進してまいります。

　さて今般、『オープンウォータースイミング教本　改訂版』を発刊する運びとなりました。オープンウォータースイミングは、競泳・飛込・水球・シンクロナイズドスイミングとともに国際水泳連盟が統括する5つの水泳競技種目のひとつで、2008（平成20）年の北京オリンピックからオリンピックの正式種目となった最も新しい水泳競技種目です。一昨年のロンドンオリンピックには、平井康翔選手と貴田裕美選手が日本人選手としては初めてとなるオープンウォータースイミングでのオリンピック出場を果たし、「水泳ニッポン」の歴史に新たな1ページを刻みました。

　初版の刊行から7年が経過し、オープンウォータースイミングを取り巻く環境も大きく変化してきています。2020（平成32）年には、東京オリンピック・パラリンピックの開催も決定しました。他の水泳競技種目と同様に、オープンウォータースイミングにおいてもメダル獲得などの好成績が期待されます。

　本書は、日本で唯一のオープンウォータースイミングの専門書です。すでにオープンウォータースイミングに取り組んでいる方、これから始めようとしている方、選手、指導者、競技会運営に携わる関係者などに広く本書を活用いただき、さらなる「水泳ニッポン」の発展に役立てていただくことを切望いたします。

2014（平成26）年4月

公益財団法人日本水泳連盟

会長　鈴木大地

「オープンウォータースイミング教本 改訂版」
発刊にあたって

　1996（平成8）年8月10日、日本国内で初めて国際水泳連盟（FINA）ルールに則ったオープンウォータースイミング（以下、OWS）の競技会「1996年福岡国際オープンウォータースイミング競技大会」が開催されました。日本のOWSの歴史は、この日から始まりました。

　公益財団法人日本水泳連盟は、この日本初のOWS競技会に向けた選手強化と競技運営のために組織を編成し、OWSに関する活動を開始しました。そして1999（平成11）年4月、OWS委員会を正式に発足させ、以来、わが国におけるOWSの強化と普及に取り組んでいます。

　強化においては、オリンピックや世界水泳選手権などの国際大会でのメダル獲得を目標に、OWSに適した選手の発掘・育成、諸外国の情報収集や動向把握、国際大会への選手派遣などを通じて、競技力の向上を図っています。一昨年のロンドンオリンピックにおいて2名の日本人選手がOWSでオリンピックに初出場できましたことは、選手・コーチの不断の努力はもとより、長年にわたる競技関係者の地道な奮闘もその遠因のひとつと考えます。

　普及においては、OWSの認知度と安全性の向上を目的とした活動を行っています。海、川、湖などの自然環境を安全に泳ぐための練習会や検定会の実施、自然環境下における水泳指導のスペシャリスト（専門の指導者）の養成、OWS競技会を地域貢献に活用するサーキットシリーズの構築など、その活動は多岐にわたります。こうした地道な普及活動が実を結び、今日、日本国内におけるOWSの競技会と競技人口は、ともに年々増加しています。

　日本にOWSが誕生して17年、初版の発刊から7年が経過しました。2020（平成32）年東京オリンピック・パラリンピックの開催決定を機に、本書はこれまでの歩みを俯瞰し、その間に蓄積した強化、普及、安全対策、競技会運営などに関するノウハウを集約しました。そのため、本書の対象はOWSに携わるすべての方々です。OWSの更なる発展のために、ぜひ多くの方に本書をご活用いただければ幸甚です。

2014（平成26）年4月

公益財団法人日本水泳連盟

理事・オープンウォータースイミング委員長　鷲見全弘

CONTENTS 目次

・まえがき
・発行にあたって

第❶章
オープンウォータースイミングの歴史 ── 1

1. 自然環境を泳ぐとは ── 2
1 水泳の起源と水泳競技の発展
2 自然環境を泳ぐことの魅力と可能性
3 多様なオープンウォータースイミング文化

2. 日本泳法と遠泳 ── 5
1 自然環境と日本泳法
2 日本各地の遠泳文化

3. オープンウォータースイミングの歴史と広がり ── 7
1 オープンウォータースイミングの始まり
2 日本におけるオープンウォータースイミングの誕生
3 国際スポーツとしての普及と発展
4 日本国内でのオープンウォータースイミングの変遷
5 日本国内での現状と課題
6 普及を支える制度と施策

第❷章
オープンウォータースイミングをはじめよう ── 15

1. オープンウォータースイミング競技の概要 ── 16
1 競技の定義
2 競技の特徴
3 競技会の概要
4 国内各地の競技会の概要

2. 競技環境を理解する ── 22
1 海域の自然環境に関する知識
2 海域の人工的環境に関する知識
3 河川の自然環境に関する知識
4 河川の人工的環境に関する知識
［アドバイス］競技会当日に知っておきたい情報

3. **装備・用具を選定する** ──── 29
1 装備・用具の重要性
2 各種装備・用具とその選び方

4. **競技の特性と心身の準備** ──── 32
1 競技に合わせたからだづくりと心構え
[チェック] 競技にかかわるボディケアとスキンケア

第 ❸ 章
3 オープンウォータースイミングの競技会に参加しよう ──── 33

1. **競技会の選択とエントリー方法** ──── 34
1 競技会の種類と特徴
2 競技会へのエントリー方法
3 競技前に行っておきたいメディカルチェック
[チェック] 競技会出場までの流れ

2. **スタート前の準備とウォーミングアップ** ──── 38
1 コースの確認
2 目標物の確認（2点確認）
3 潮の影響の確認
4 天候の影響の確認
5 ウォーミングアップ

3. **スタートの種類とスタート時の留意点** ──── 44
1 スタートの種類と特性
2 スタート時に起こりうる状況と対処法

4. **レース中とゴール時の留意点** ──── 48
1 コースの確認
2 レース中のスイム
3 ブイ（浮標）周りでのスイム
4 競技中の栄養・水分補給
5 ゴール時の戦略

5. **ゴール計測とクーリングダウン** ──── 52
1 ゴール計測の種類とその特徴
2 クーリングダウン
[アドバイス] 不安な競技者が知っておきたい情報
[コラム] オープンウォータースイミングの不思議な力

6. **栄養補給と水分補給** ──── 58
1 栄養素の基礎知識
2 水分補給の基礎知識
3 栄養補給と水分補給の留意点

［コラム］競技中に起こりうるトラブルへの対処法
7. ドーピング検査の方法と注意 ─────────── 64
1 検査方法
2 オープンウォータースイミングにおける諸注意

第❹章

4 オープンウォータースイミングの テクニックとトレーニング ─────────── 67

1. テクニックとトレーニング ─────────── 68
1 オープンウォータースイミングに求められる適性
2 初心者のためのテクニックとトレーニング
3 中級者のためのテクニックとトレーニング
4 上級者のためのテクニックとトレーニング
5 トップ選手のためのテクニックとトレーニング
6 プールでできるレベルアップ・トレーニング
7 トレーニングプログラムの作成

2. コーチングとコンディショニング ─────────── 95
1 愛好者向けのコーチング
2 トップ選手向けのコーチング
3 愛好者向けのコンディショニング
4 トップ選手向けのコンディショニング

第❺章

5 オープンウォータースイミングの リスクとリスクマネジメント ─────────── 103

1. 競技者が知っておくべきリストとリスクマネジメント ─────────── 104
1 リスクとその種類
2 自己責任の原則と自己保全能力
3 「競技者自身がライフセーバー」という意識

2. 指導者が知っておくべきリスクとリスクマネジメント ─────────── 106
1 3つのリスクマネジメント
2 競技者への伝達の義務
3 自己保全能力の教育

3. 競技会運営者が知っておくべきリスクとリスクマネジメント ─────────── 107
1 意識改革の必要性
2 競技者への情報提供の責任
3 「ガイドライン」に基づいた安全対策と運営体制

4. 競技会での医事サポート —————————— 108
1 医事活動の概要
2 緊急時の対応
3 競技会に多い疾患・事故と応急処置

5. 一次救命処置の手順 ——————————————— 118
1 一次救命処置の手順
2 AED（自動体外式除細動器）の使用手順

6. 事故事例とリスク要因 ——————————————— 125
1 国内外の事故事例
2 リスク要因
3 再発防止のポイント

第 6 章
競技会の業務と運営管理 ————————— 129

1. 競技会の企画・準備 ——————————————— 130
1 競技会の企画・立案
2 開催の準備
3 競技説明会の開催
4 設営業務の内容とポイント

2. 競技会の運営 ——————————————————— 143
1 天候の確認
2 競技会中止の判断
3 レースのコントロール
4 レース中の人数確認
5 リザルトの掲示

付録　さらなる普及・強化への活動 ————— 147

1 OWS クリニックとは
2 OWS 検定制度とは
3 認定 OWS 指導員資格制度とは
4 認定 OWS サーキットシリーズとは
5 日本水泳連盟 OWS 競技規則（2014 －）
6 主要大会の記録

OPEN WATER SWIMMING

第 ❶ 章

オープンウォータースイミングの歴史

SECTION 1. 自然環境を泳ぐとは
SECTION 2. 日本泳法と遠泳
SECTION 3. オープンウォータースイミングの歴史と広がり

自然環境を泳ぐとは

SECTION 1

1 水泳の起源と水泳競技の発展

　水泳の起源は、貝や魚といった食糧を得るために潜る手段であったり、必要があって川や海の反対岸に渡るための移動手段であったり、さらには儀式のひとつであった。また、戦いのための技、自己保全の技術としても発展し、武術でもあった。

　9千年前のエジプトの壁画に人が泳ぐ姿の象形文字がある。ギリシア神話の中には、レアンドロスという青年が対岸にいる恋人ヘロに会いに毎夜ヘレスポントス海峡（現在のダーダネルス海峡）を泳いで渡るという話があり、西欧では最も古く有名な水泳にまつわる伝説だという。これはあくまで神話だが、後世に影響を与え、それを確認しようと詩人バイロン自らが泳いでみたという記録が残っている。

　日本でも5千年ほど前、縄文時代の中頃に海女のいた痕跡があり、古事記と日本書記にはみそぎのためにイザナギノミコトが泳いだという記述がある。万葉集にも海女をうたった歌が複数見受けられる。

　水泳が現在のようなレクリエーションや水泳競技に発展したのは、19世紀になってからである。世界中を航海する探検家たちが行く先々で、先住民たちの自然でたくましい泳ぎに刺激を受け、その様子が書物になり、ヨーロッパの人々の水泳熱に火がつく。クラブやプールがヨーロッパ中に設立され、競技会も開かれるようになった。イギリスでは上流階級の子弟を中心に学校対抗の形式で水泳競技が始まり、1838年にはロンドンのハイドパーク内にあるサーペンタイル湖でイギリス水泳協会が初めて競技会を開いた。また、1875年にイギリス海軍大尉マシュー・ウエッブが英仏海峡（ドーバー海峡、直線で約32 km）を平泳ぎで21時間45分かけて泳ぎ切ったことがきっかけになり、英国中の青少年が水泳を習うため川や池に殺到したという。彼はバイロンのヘレスポントス海峡横断泳の報告書を読み、この挑戦を決めたという。1896年の第1回

[先住民たちの自然でたくましい泳ぎ]
アメリカ先住民のたくましい泳ぎでの急流横断、ポリネシアやカリブでの真珠採り、ワニと戦い勝ったアフリカ人ガイドの話など。当時、平泳ぎだけだったヨーロッパで、アメリカ先住民の力強い泳ぎからクロールに近い泳法をもたらしたといわれる。

[サーペンタイル湖]
2012年ロンドンオリンピックでは、近代水泳競技の原点であるサーペンタイル湖がオープンウォータースイミングの競技会場になった。

近代オリンピックで水泳は正式種目となる。日本での本格的な水泳競技は1891（明治31）年に日本泳法の水府流太田派の泳ぎ手と横浜在住のローイングクラブのメンバーとの競技会であった。日本人が初めて参加した1920年の第7回オリンピック大会（アントワープ）では、日本泳法の2選手が参加し、他国選手の近代泳法のクロールの速さに驚かされたという。

2 自然環境を泳ぐことの魅力と可能性

　水泳競技が発展する以前は、人が泳ぐといえば、オープンウォーターしかなかった。水辺で自然とともに生きる時、水の中での身のこなし方は、食糧を得る、命を守るという必要性から身につけていった技術でもあり、時に遊びそのものだったかもしれない。

　海水浴という行為は、ヨーロッパで18世紀後半から一般的になった。馬を用いる更衣用の水浴車ごと海に浸かるという方法で、健康の維持と回復のためのものとして医師に処方されて海へ出かけるようなものであった。日本でも幕末に西洋医学を学んだ医師たちによって海水浴が広められ、その後、余暇活動としてなじみ深いものになっていくが、高度成長期は工場や家庭排水の影響で水質汚染がひどくなり、教育現場での遠泳や臨海学校を中止にした地域、学校も多い。しかし今はまた環境への意識の高まりもあり、海辺の活動は人間の自然回帰とともに、注目されつつある。ストレスの多い現代社会では、海のもたらすリラクゼーション効果や癒し効果が、再び見直されはじめているのであろう。

　マリンスポーツとして海や川で水と戯れる時、プールのような静かな水を水平に泳ぐ技術だけではなく、波が来たら潜ったり身を任せて乗る、疲れたら立ち泳ぎで休むなど、水中で縦横斜めに臨機応変に体を対応させる技術が必要である。ごく自然にそのように対応できるようになると、海の広さや解放感、自然との一体感など感じられる全てが楽しく、発見がある。さえぎるもののない海の広大さに、人間のちっぽけさを思うだろう。少しの距離でも泳いだ距離に達成感を味わい、自然の中で泳ぐこと自体が自己表現であり自己実現だという人もいる。

　一方、自然の脅威から恐怖心や不安が強い場合は大変な事故につながることがある。決して自然を甘く見てはいけないが、海の知識を高め、どうしたら危なくないかを学ぶことへのアプローチも自然の中での水泳や海での癒し効果とともに考えていかなければならない。学校水泳の中での水上安全を意識したカリキュラム、プールでの練習、海や川でも背

[海水浴の普及]
国立公文書館　アジア歴史資料センター「海水浴の歴史」を参照した。
http://www.jacar.go.jp/seikatsu-bunka/p02.html

の立つ安全なところから慣れていくことなど、自然の水場での安全への意識を高めることがもっとも重要である。怖さよりも、自分の可能性をチャレンジする楽しみや、終わったあとの満足感など積極的な体験を積み重ねた時、海も川も自分の泳ぐ場として、未知の世界を広げてくれるものになる。

3 多様なオープンウォータースイミング文化

　前述のマシュー・ウエッブ以来、イギリスとヨーロッパ大陸を隔てるという歴史的な意義も背景にあり、英仏海峡横断泳は、現在まで世界中の水泳自慢たちの挑戦意欲を魅了する場所になっている。1926年に女性で初めての横断泳に成功したアメリカのガートルード・エダール（当時19歳）は、その3年前に打ち立てられた16時間33分という記録を大幅に縮めた14時間39分という世界記録を更新した。「彼女の偉業は男性がやれることは全て女性も成し遂げられるのだということを証明した」（この言葉はフロリダにある水泳殿堂の彼女の写真の脇に添えられている）。以後、21世紀に入りGPSやインターネットでの情報収集が容易になったことなども影響し、英仏海峡をはじめとする世界各地の海峡横断泳成功者は急増している。2013年9月2日には20代から世界の海峡横断スイマーとして有名なダイアナ・ナイアドが、64歳、5度目の挑戦で念願のキューバからフロリダ・キーウエストまでの177km泳に成功した。伴走船とカヤックが伴走してはいたが、鮫除けのゲージを用いることなく、どこにもつかまらず休憩も補給も海の中で53時間での達成だった（世界初）。

　その一方、世界各地で愛好者のために多様な距離でのオープンウォーター水泳の競技会が開催され、インターネットでも世界中のサイトがリンクし合っている。イギリスでは「H2Open」というOWS専門の雑誌も発行され、専門のスイムガイドと伴走船をつけて、ヨーロッパ各地やカリブの島々を泳ぐツアーを企画するOWS専門の旅行社もある。個人の挑戦の海峡横断泳や競技会参加に加え、山を歩くトレッキングのように旅感覚で海や湖を泳ぐ水泳もまた新しい取り組みである。自分の体で体験する自然との一体感や共通の趣味をもつ世界中の仲間との出会いもOWSの魅力だろう。

[マシュー・ウエッブ以来]
ウエッブの後、36年間、次に海峡横断に成功する者は1人もいなかった。その間に71人が挑戦し、うち22人は女性。強い潮流、摂氏15〜19度という夏でも低い水温がハードルだった。

[ダイアナ・ナイアドの挑戦]
下記サイトに詳しい。
http://www.diananyad.com/blog/roger-mcveigh-observer

[英仏海峡横断泳]
別称をドーバー海峡横断泳という。1927年設立のChannel Swimming Associationによると、2013年のソロ成功者（回数）はマシュー・ウェッブ以来延べ995人（回）を記録している。(http://www.channelswimmingassociation.com/)

[様々なOWS競技会]
記録を管轄する水泳協会/連盟があるところでは、英仏海峡以外に米カルフォルニアのカタリナ海峡（約34km）水泳連盟（CCSF・1950年代〜）、西オーストラリア・パースのコテスロー海岸からロットネスト島までを泳ぐ競技会（20km）を主催するRottnest Channel Swimming Association（1990年〜）などがある。

日本泳法と遠泳

SECTION 2

1 自然環境と日本泳法

　陸上で人が歩くように、海や川と共に暮らす人々にとって泳ぐことは古来からの移動手段であり、また作業や運搬、さらに落水から身を守る必須の技術でもあった。したがって、四方を海に囲まれ、また河川も多い日本で水泳は実用の具として自然に生まれたと考えられるが、やがて水上や水中での身のこなしも戦の勝敗を決する戦国時代になると、兵士全員が同じ、かつ優れた技術を身に付ける必要上系統立った研究と訓練が行われ、武家集団ごとに他家よりも優れた独自の技法の高度化を目指すようになる。また、水軍として海での戦いや取り締りを専門とする集団も次第に力を持つようになった。江戸時代には、海や川の守りを必要とした藩では水泳も家士全員が習得する武芸百般の1つとして重んじられるようになり、その宗家も藩の役職の1つとして確立、世襲されるようになる。現在、日本泳法大会で競技種目とされる13流派約130種類の泳ぎは、そのようにして発祥し発達・保存されてきた水上、水中の武芸を採点競技に向くよう改変を加えたものである。

2 日本各地の遠泳文化

　260年にわたって戦乱のなかった江戸時代の武家社会では、日本泳法の中でも遠泳は実用というよりも精神力を養う目的で重用されるようになる。ほとんどの流派で行われていたが、速さを競うよりも一人一人が独力で完泳することに重点が置かれており、今日各地で見られる4、5人のチームとして泳ぐ、あるいはリレー方式で泳ぐものとは趣を異にするものであった。泳形も、顔を上げたまま視界が確保でき、かつ呼吸が自由な平泳ぎが蛙足や扇ぎ足で用いられていたが、松山の流儀(現在の主馬神伝流)では、顔に波が当たらない横泳ぎも臨機応変に使うことが推奨されていた。遠泳に重きを置く流派としては、山内流(大分県臼杵

[日本水泳連盟公認13流派]
- 神統流(しんとうりゅう)
- 小堀流(こぼりりゅう)
- 山内流(やまうちりゅう)
- 主馬神伝流〈2014年認定〉(しゅめしんでんりゅう)
- 神伝流(しんでんりゅう)
- 水任流(すいにんりゅう)
- 岩倉流(いわくらりゅう)
- 能島流(のじまりゅう)
- 小池流(こいけりゅう)
- 観海流(かんかいりゅう)
- 向井流(むかいりゅう)
- 水府流(すいふりゅう)
- 水府流太田派(すいふりゅうおおたは)

[日本泳法大会]
日本泳法の保存と普及をはかるため、昭和31(1956)年に第1回大会が日本水泳連盟主催により開催された。以後この大会は毎年1回開催され、平成26(2014)年には第59回を迎える。13流派から選ばれた泳者が132種目の泳法で競技する個人および団体の採点競技のほか、いわゆる横泳ぎで100mのタイムを競う「横泳ぎ競泳」、男子5kg、女子4kgの鉄アレイを水上に掲げて持久時間を競う「支重競技」、公開演技、7段階の資格試験などを2日間の日程で行う。

図1-1 1934(昭和9)年の山内流の遠泳「渡海」の様子

図1-2 現在の臨海学校での隊列遠泳の様子(東京都立日比谷高校)

および観海流(三重県津)が著名であるが、それぞれの遠泳は「渡海」(図1-1)および「沖渡り」として現在に受け継がれており、前者では6 km、後者では約30 kmの遠泳が行われてきた。

明治維新時の廃藩置県により日本泳法は一時的に途絶えたが、多くは明治時代に有志によって継承と普及を目指す団体が作られ、また各地で学校教育の正課として取り入れられたため、遠泳もそれら市民団体や学校により復活することとなる。海軍も遠泳を重視し、明治・大正時代には広島県江田島の海軍兵学校からの要請を受けた松山、広島(現在の主馬神伝流)、岩倉流、観海流などから水泳教員が派遣されていた。同地での遠泳は、現在も海上自衛隊第一術科学校により継承されている。

近年各地の海岸で長距離を泳ぐ競技会が開かれるようになっており、それらはOWSやトライアスロン競技に啓発されてのことと思われる。一方、全員を完泳させるという目的で日本泳法による百人規模の隊列遠泳を行っているのは、学校の夏期臨海学校である。東京湾の内房海岸南部では、鋸南町から館山湾にかけて都立日比谷高校(神伝流、図1-2)、筑波大附属中学・高校(水府流太田派)、開成学園中学・高校(同)、巣鴨学園中学・高校(同)がそれぞれ水泳場を設けて行っており、沼津では学習院中学・高校(小堀流)が同様である。いずれも明治あるいは大正時代から受け継がれるものであるが、1週間あまりの合宿期間中に生徒一人一人の名前と顔と泳力を把握したうえで隊列を編成し、3 kmから9 kmのコースで2時間から5時間の遠泳を行っている。その際は隊列が乱れないよう、またペースが落ち気味の者を早期に把握し後方に下げて第2隊列を作るなど、隊列内の要所要所に指導者グループも配置するといった配慮がなされている。それらが可能なのは、いずれの学校にも卒業生による日本泳法継承組織があり臨海学校の指導者層が厚いからである。学校以外で規模の大きい日本泳法の隊列遠泳は、先述の山内流や観海流のほか、琵琶湖での京都踏水会(小堀流)など日本泳法の保存団体では一般的であり、川でも水府流水術協会(水戸)による那珂川の遠泳がある。一方、隊列をとらない、また必ずしも日本泳法を用いるわけではないが、長距離という意味で頂点にあるのは慶應義塾体育会水泳部葉山部門(水府流)であり、館山－大島間(50 km)また伊豆半島東岸(60 km)などを部門内の行事として実施している。

オープンウォータースイミングの歴史と広がり

SECTION 3

1 オープンウォータースイミングの始まり

　今日、日本各地で数多くの遠泳大会が行われているように、海、川、湖を泳ぐ水泳の競技会は世界各地で盛んに開催されている。それぞれの文化、習慣、風土を反映した独特のスタイルで、順位を競うものから完泳を目的とするものまで、競技の目的やルール、形式も多種多様である。1980年代、このように世界中で親しまれている自然環境下での水泳大会に統一性をもたせて1つの競技として確立しようという機運が、国際水泳連盟（Fédération Internationale de Natation：FINA）の中で高まり始めた。しかし統一性を持たせるといっても、世界各地で行われている競技会はそれぞれの独自色を有しており、それらを1つに束ねることは不可能であった。そこでオーストラリアで行われている競技会の1つを基本形にして、種目、ルール、形式などを定める作業が始まり、試行錯誤の結果、世界共通の競技規則に基づいた現在のオープンウォータースイミング（以下、OWSとする）の原型が確立された。

　その後、OWSはアメリカ、オーストラリア、ヨーロッパなど諸外国で盛んに行われる人気種目となり、1991（平成3）年から世界水泳選手権大会、2008（平成20）年からオリンピック、2011（平成23）年からユニバーシアード大会の正式種目に採用された。オリンピックの正式種目化は、競泳選手の流入（高速化）と世界的な競技の広がり（グローバル化）を加速させた。

2 日本におけるオープンウォータースイミングの誕生

　日本においては、1996（平成8）年8月10日に福岡県福岡市西区大原海水浴場で開催された「1996年福岡国際OWS競技大会」が、国内で初めてのFINAの競技規則に則った公式のOWS競技会となった（図1-3）。翌1997（平成9）年にはパンパシフィック選手権福岡大会が開催され、そ

［国際水泳連盟］
世界水泳選手権などを主催する水泳競技の国際組織。本部はローザンヌ（スイス）にある。略称はFINA。
http://www.fina.org/

［OWS］
こんにち、オープンウォータースイミングは、「Open Water Swimming」の頭文字をとって、「OWS」の愛称で、世界中で親しまれている。

［オリンピックにおけるOWS］
水泳・競泳競技の1つの種目として、男子10km、女子10kmが実施されている。出場者数は男女各25名。オリンピックでは「OWS」ではなく「マラソンスイミング」の名称が用いられる。

図1-3 国内初のOWS競技会の様子（提供：ベースボール・マガジン社）

図1-4 東京・マラソンスイミングの様子

図1-5 劇場型OWSとして漕艇場で行われた北京オリンピック

の後も福岡市と日本水泳連盟との共催で「全日本福岡国際OWS競技大会」が毎年開催され、1999（平成11）年にはワールドカップ大会、2001（平成13）年には世界水泳選手権福岡大会が開催された。2000（平成12）年からは、千葉県館山市北条海岸において、OWSの日本選手権にあたる「OWSジャパンオープン館山」が開催されるようになった。2009（平成21）年からは、東京オリンピック招致活動（2016年、2020年）の一環として、OWSの認知度向上、東京湾の環境保全（水質浄化）、都民の健康増進を目的に、「東京・マラソンスイミング」（図1-4）が東京都港区お台場で開催されるようになった。東京オリンピック・パラリンピック（2020・平成32年）では、同じ東京都港区お台場がOWSの会場となる予定となっている。

3 国際スポーツとしての普及と発展

OWSが競技として確立して間もない1990年代前半は、アメリカとオーストラリアがOWSの2大強国であった。次第にヨーロッパ各国が強化に注力した結果、1990年代後半から勢力図の中心がヨーロッパへと移り、北京オリンピック（2008・平成20年、図1-5）では6つのメダルをヨーロッパ勢が独占した。その後、オリンピックの正式種目化により世界各国が強化に力を入れるようになったことから、ロンドンオリンピック（2012・平成24年）や世界水泳選手権バルセロナ大会（2013・平成25年）ではヨーロッパ勢のメダルが半減し、代わりにアフリカ、北米、南米からメダリストが誕生した（表1-1、表1-2）。今後は日本、中国、オーストラリアなどのアジア・オセアニア諸国も巻き込んで、さらに激しい世界規模の戦国時代に突入するものと思われる。

競技運営について、2006（平成18）年にFINAは、世界規模の国際大会（オリンピックや世界選手権大会など）については自然環境を泳ぐことにこだわらず、集客が見込めてスポンサーメリットの高い会場での開催を推奨した。実際、北京オリンピックにおけるOWSは、ボート・カヌー競技と同じく漕艇場で行われた。また、ロンドンオリンピックにおけるOWSは、ロンドン市内ハイドパーク内サーペンタイル湖で行われ、湖の周囲を2万人の大観衆が取り囲んだ。これからも、外洋のような自然環境を泳ぐ「従来型OWS」と、"競技を見せること"に重点を置いた「劇場型OWS」のダブルスタンダードが並立していくものと予想される。

表1-1　世界水泳選手権の上位国の推移

大会	順位	25 km		10 km		5 km	
1991年 パース	男子 1位	アメリカ	5時間01分45秒78				
	2位	イタリア	5時間03分18秒81	未実施		未実施	
	3位	オーストラリア	5時間08分53秒35				
	女子 1位	オーストラリア	5時間21分05秒53				
	2位	アメリカ	5時間25分16秒67	未実施		未実施	
	3位	アメリカ	5時間28分22秒74				
2001年 福岡	男子 1位	ロシア	5時間25分32秒	ロシア	2時間01分04秒	イタリア	55分37秒
	2位	フランス	5時間26分00秒	ロシア	2時間01分06秒	ロシア	56分31秒
	3位	フランス	5時間26分36秒	イタリア	2時間01分11秒	イタリア	56分42秒
	女子 1位	イタリア	5時間56分51秒	ドイツ	2時間17分32秒	イタリア	1時間00分23秒
	2位	オランダ	6時間00分36秒	ロシア	2時間17分47秒	ドイツ	1時間00分49秒
	3位	ドイツ	6時間06分19秒	オランダ	2時間17分52秒	オーストラリア	1時間00分52秒
2011年 上海	男子 1位	ブルガリア	5時間10分39秒8	ギリシャ	1時間54分24秒7	ドイツ	56分16秒6
	2位	ロシア	5時間11分15秒6	ロシア	1時間54分27秒2	ギリシャ	56分17秒4
	3位	ハンガリー	5時間11分18秒1	ロシア	1時間54分31秒8	ロシア	56分18秒5
	女子 1位	ブラジル	5時間29分22秒9	イギリス	2時間01分58秒1	スイス	1時間00分39秒7
	2位	ドイツ	5時間29分25秒0	イタリア	2時間01分59秒9	フランス	1時間00分40秒1
	3位	イタリア	5時間29分30秒8	ギリシャ	2時間02分01秒8	アメリカ	1時間00分40秒2
2013年 バルセロナ	男子 1位	ドイツ	4時間47分27秒0	ギリシャ	1時間49分11秒8	チュニジア	53分30秒4
	2位	ベルギー	4時間47分27秒4	ドイツ	1時間49分14秒5	カナダ	53分31秒6
	3位	ロシア	4時間47分28秒1	チュニジア	1時間49分19秒2	ドイツ	53分32秒2
	女子 1位	イタリア	5時間07分19秒7	ブラジル	1時間58分19秒2	アメリカ	56分34秒2
	2位	ドイツ	5時間07分19秒8	ブラジル	1時間58分19秒5	ブラジル	56分34秒4
	3位	アメリカ	5時間07分20秒4	ドイツ	1時間58分20秒2	ブラジル	56分44秒7

表1-2　オリンピックの上位国の推移

大会	順位	10 km		大会	順位	10 km	
2008年 北京	男子 1位	オランダ	1時間51分51秒6	2012年 ロンドン	男子 1位	チュニジア	1時間49分55秒1
	2位	イギリス	1時間51分53秒1		2位	ドイツ	1時間49分58秒5
	3位	ドイツ	1時間51分53秒6		3位	カナダ	1時間50分00秒3
	女子 1位	ロシア	1時間59分27秒7		女子 1位	ハンガリー	1時間57分38秒2
	2位	イギリス	1時間59分29秒2		2位	アメリカ	1時間57分38秒6
	3位	イギリス	1時間59分31秒0		3位	イタリア	1時間57分41秒8

4 日本国内でのオープンウォータースイミングの変遷

　強化と普及の観点から、日本のOWSの変遷は4つの期間に分けられる。黎明期（1996～2001年）、普及期（強化の停滞期；2002～2005年）、北京期（強化の停滞期；2006～2008年）、ロンドン期（強化の成長期；2009～2012年）である。

第1章 オープンウォータースイミングの歴史

　まず、黎明期(1996～2001年)では、開催が決まっていた世界水泳選手権福岡大会(2001・平成13年)に向けて、パンパシフィック選手権福岡大会(1997・平成9年)、世界水泳選手権パース大会(1998・平成10年)、パンパシフィック選手権シドニー大会(1999・平成11年)、世界OWS選手権ハワイ大会(2000・平成12年)など、国際大会への継続的な選手派遣を通じて強化を推進した。しかし、思うように結果が伴わず、開催国として臨んだ世界水泳選手権福岡大会での成績不振から、日本水泳連盟はOWSの国際大会への選手派遣を当面見送り、国内での普及活動に専念する方針を固めた。

　次の普及期(2002年～2005年)では、主にOWSの安全性と認知度の向上を目的とした普及活動が行われた。この時期、アウトドアブーム、健康増進ブーム、エコブームなどと重なり、国内で開催されるOWS競技会が急増し、2005年には国内で50以上の競技会(ローカルルールに基づいた競技会を含む)に、延べ6,000～7,000人(推定)が参加するまでに拡大した。しかし、競技会の急増に伴いOWSの競技人口も増加傾向にあったが、なかには海で一度も泳いだことがないままOWSに出場するような競泳選手や愛好者も散見されるようになり、OWSの安全性向上に向けた施策の策定が急務となった。日本水泳連盟では、競泳選手や愛好者に対して、海などの自然環境で安全に泳ぐ技術を実践指導する「OWSスイムクリニック」を2003(平成15)年に開講した。また、2006(平成18)年には、黎明期(1996～2001年)から蓄積してきた選手指導や競技会運営のノウハウをまとめ、本書の初版となる『オープンウォータースイミング教本』を発刊して普及活動に努めた。なお普及期に、整備、検討を始めたその他の制度や施策(OWS検定制度、OWS競技規則、認定OWS指導員制度など)も、その後次々に策定、施行されていった。一連の制度や施策は、今日のOWSの強化と普及の基礎となり、結果として、この時期に普及活動に専念したことが日本国内のOWSのインフラ整備を推し進め、その後のOWSの発展に大きく貢献したといえる。

　続く、北京期(2006～2008年)の2006(平成18)年2月、日本水泳連盟は「競泳選手を選抜し、実戦を通じて育成する」という新たな強化方針を示した。前年の2005(平成17)年10月に、OWSのオリンピック正式種目化が決定したためである。この強化方針に基づき、同年8月、5年振りとなる国際大会・世界OWS選手権ナポリ大会への選手派遣が実現した。しかし、強化が進まなかった5年間で世界との差は一層広がり、同大会での成績不振から、北京オリンピック(2008・平成20年)に向けた

[OWSスイムクリニック]
日本水泳連盟認定OWS指導員から実践指導を受けることができる。詳細は、日本水泳連盟のホームページに掲載される。
http://www.swim.or.jp/

表1-3 日本国内でのOWSの変遷

	年	強化					普及
		大会名称	開催地	男子	女子	備考	
黎明期 / 強化の黎明期	1997	パンパシフィック選手権	福岡	8位	7位		
	1998	世界水泳選手権	パース	25位	—		
	1999	パンパシフィック選手権	シドニー	10位	—		
	2000	世界OWS選手権	ホノルル	19位	—		
	2001	世界水泳選手権	福岡	15位	11位		
普及期 / 強化の停滞期	2002〜2005	選手派遣なし					OWSスイムクリニック 開講
北京期 / 強化の停滞期	2006	世界OWS選手権	ナポリ	32位	—		OWS教本（初版）刊行
	2007〜2008	選手派遣なし					
ロンドン期 / 強化の成長期	2009	ジュニアパンパシフィック選手権	グアム	3位	3位	日本人選手初のメダル 山田浩平、岡澤宏美	OWSメディアカンファレンス湘南 開催
	2010	ジュニアパンパシフィック選手権	マウイ	2位	3位	2大会連続の複数メダル 瀧口陽平、太田明成	OWS検定制度 導入
		パンパシフィック選手権	ロングビーチ		8位	日本人選手初の入賞（ジュニア除く）貴田裕美	OWS競技規則 施行
		ワールドカップ	汕頭	12位	15位		OWS安全対策ガイドライン 施行
		ワールドカップ	香港	10位	12位		
	2011	ワールドカップ	セトゥバル	9位	7位	入賞・貴田裕美	
		世界水泳選手権	上海	36位	35位		
		ユニバーシアード	深圳	3位	20位	日本人選手初のメダル（ジュニア除く）平井康翔	推薦OWS用安全浮き具 開発
		ワールドカップ	汕頭	17位	6位	入賞・貴田裕美	
		ワールドカップ	香港	18位	4位	入賞・貴田裕美	
	2012	ロンドンオリンピック世界最終予選	セトゥバル	6位	10位	オリンピック予選突破 平井康翔、貴田裕美	認定OWS指導員制度 導入
		ロンドンオリンピック	ロンドン	15位	13位	日本人選手オリンピック初出場 平井康翔、貴田裕美	セイフティ・オフィサー制度 導入 OWSサーキットシリーズ 導入

＊日本代表の戦績（〜2001年：25km、2006年〜：10km）

選手強化を断念し、まずはジュニア選手の育成から再スタートしてロンドンオリンピック（2012・平成24年）を目指すこととなった。

　ロンドン期（2009〜2012年）は、ジュニア選手たちの活躍で幕を開けた。ジュニアパンパシフィック選手権グアム大会（2009・平成21年、図1-7）における山田浩平選手、岡澤宏美選手の日本人初となるメ

図1-6 自然環境を泳ぐ従来型のOWSで行われた世界水泳選手権メルボルン大会（2007年）

図1-7 OWS日本人選手初のメダルを獲得した山田浩平選手（中央、2009、ジュニアパンパシフィック選手権）

ダル獲得を皮切りに、ジュニアパンパシフィック選手権マウイ大会（2010・平成22年）においても瀧口陽平選手、太田明成選手が2大会連続でメダルを獲得し、ジュニア世代であれば世界と実力差がないことを証明した。こうしたジュニア選手の活躍により、国際大会への選手派遣が本格的に再開した。2010（平成22）年、競泳中長距離の実力者であった平井康翔選手と貴田裕美選手がOWSでロンドンオリンピック出場を目指すことを表明し、OWSに本格参戦した。両選手はOWSの盛んなヨーロッパやオーストラリアに強化拠点を短期的に移す「武者修行型強化」を実践するなどして競技力を向上させ、2012（平成24）年6月、ロンドンオリンピック世界最終予選（ポルトガル・セトゥバル）を見事突破、ロンドンオリンピックに出場し日本人選手として初となるOWSでのオリンピック出場を果たした（表1-3）。

5 日本国内での現状と課題

ロンドンオリンピックに出場した平井康翔選手と貴田裕美選手はそれぞれ15位、13位となり、競泳の表現でいえば「準決勝進出」となる健闘をみせた（p.128を参照）。翌年の世界水泳選手権バルセロナ大会（2013・平成25年）では、貴田選手が女子25kmで日本人選手として初となるOWSでの世界選手権8位入賞を果たした。このようにロンドン期は強化の面で一定の成果を上げ、世界との実力差を急速に縮めた。今後は東京オリンピック（2020・平成32年）に向けて、上位国に追いつき、追い越すことが求められる。そのためには、選手層の拡大が喫緊の課題といえる。オリンピックで上位入賞を果たすためには、一層の競技力向上以外に道はない。日本国内で数多くのトップ選手が競い合ってこそ、競技力の向上は図られる。ジュニア、エージグループを含めた年齢別選手権大会の整備、国民体育大会の種目化による全国的な強化網の構築など、選手育成の基盤づくりが急がれる。

普及の観点からみると、日本国内では、引き続き、競技会と競技人口の増加傾向が見られる。海、川、湖などの自然環境で行われるOWSにはプールでの水泳とは異なる開放感、爽快感、非日常感があり、その独特の魅力が競技会と競技人口の拡大要因のひとつといわれている。トライアスロン系（アクアスロンなど）の競技会を含めると、現在、年間100

以上の競技会が国内で開催され、競技人口は、競泳選手、マスターズ水泳愛好者、トライアスリートなどを包含すると1万人超と推察される。しかし、臨海学校や海浜実習を実施する学校数の減少に伴い、自然環境下の水泳指導を受けたことのない競泳選手や水泳愛好者が増えていることも事実である。日本水泳連盟では、OWSの一層の安全性向上と普及を目的に、2010（平成22）年以降、様々な制度や施策を順次策定、導入、施行して今日に至っている。今後は一連の制度や施策が相互に連動、機能、拡充することで、全国規模での安全性の向上と普及の促進、地域の活性化、スポンサーの獲得などが期待されている。

6 普及を支える制度と施策

① OWSスイムクリニック

2003（平成15）年に開講した、海、川、湖などの自然環境を泳ぐために必要なOWS特有の泳力と技術を、認定OWS指導員が実践指導する練習会。コースは「初心者コース」と「中・上級者コース」があり、プールや海で毎年開催されている。

日程や申込み方法などの詳細は、日本水泳連盟のホームページ（http://www.swim.or.jp/）に掲載されている。

② OWSメディアカンファレンス in 湘南

2009（平成21）年6月20日に、日本水泳連盟が開催した報道関係者向けのOWS体験会。報道関係者にOWSの魅力を理解してもらうことを目的に開催された。「百聞は一見にしかず」ならぬ「百見は一体験にしかず」の発想で、12社22名の報道関係者（記者・カメラマン）を対象に、第1部「地球を泳いでみよう・OWS体験会」、第2部「OWSカンファレンス・パネルディスカッション」の2部構成で行われた。

③ OWS検定制度（以下OWS検定とする）

2010（平成22）年、『泳力検定制度』の拡充と発展の一環として策定、導入された「全国統一のOWSの力量（泳力と技能）基準」の検定制度。OWSスイムクリニックで講習する「泳力と技能」の基準をレベルごとに設け、合格者が次の目標に向かって挑戦しながら自身のレベルアップを図り、OWS自体の安全性向上につなげることが狙いとなっている。

詳細は、「OWS検定制度－OWS検定実施の手引き－」として、日本水泳連盟のホームページ（http://www.swim.or.jp/）に掲載されている。

④ 日本水泳連盟OWS競技規則（以下OWS競技規則とする）

2010（平成22）年、FINAのOWS競技規則に則り、日本水泳連盟が制

[泳力検定制度]
1998（平成10）年に創設された「全国統一の泳力基準」の検定制度。泳力向上と健康増進を目的としたスポーツ検定で、ジュニア層から中高年の水泳愛好者を対象としている。詳細は、日本水泳連盟のホームページに掲載されている。
http://www.swim.or.jp/

[サーキットシリーズ導入の目的]

❶強化の推進：様々なレース（強化機会）の創出
- 様々な環境のレースを通じたOWS選手の実戦強化・実戦育成
- OWS選手の発掘、育成、強化基盤の確立

❷普及の促進：競技会の全国展開
- 認知度の向上、競技人口（OWS愛好者を含む）の増加
- OWS検定の実施、地元ライフセーバーの育成による地域貢献（水難事故の防止）

❸市場の拡大：競技会数の増加
- スケールメリットを活用したスポンサーの獲得
- 地域活性化やエコ活動による地域および企業への貢献

[OWSによる社会貢献]

認定OWS競技会の開催のために、佐渡島では、セイフティ・オフィサーの指導のもと島内でライフセーバーが養成され、地元にライフセービングクラブが新設された。現在では、ライセンスを取得した地元のライフセーバーが日常業務として島内の監視業務にあたっている。このように、OWSは地域の活性化だけでなく、地域の安全性向上（水難事故の防止など）にも貢献する、社会貢献度の高いスポーツとして注目されている。

定したOWS競技規則。競泳、水球、飛込、シンクロナイズドスイミングと同様に、FINAのルール改正に伴い改訂される。

日本水泳連盟のホームページ（http://www/swim.or.jp/）に掲載されている。

⑤ OWS競技に関する安全対策ガイドライン（以下ガイドラインとする）

2010（平成22）年、OWSにおける溺水などの重大事故の防止を目的に、スポーツ医学、スポーツ科学、法律、ライフセービング、OWSに携わる専門家により策定されたガイドライン。「OWS競技における事故と原因、および予防策」「競技者に対するガイドライン」「主催者に対するガイドライン」といった章立てで構成されている。日本水泳連盟のホームページ（http://www.swim.or.jp/）に掲載されている。

⑥ 推薦OWS用安全浮き具（以下安全浮き具とする）

2011（平成23）年、主にOWS初心者向けに開発、導入された、浮力を確保するための浮き具。用途はOWSに限定されず、海水浴や川遊びなど、水辺の活動全般の安全性向上にも役立つ機能を備えている。

⑦ セイフティ・オフィサー制度（以下セイフティ・オフィサーとする）

2012（平成24）年、OWSの競技運営（競技会、クリニック等）の安全性向上を目的に策定された委嘱制度。日本水泳連盟が日本ライフセービング協会に対して、OWSに精通し、然るべき知識・経験・人格を兼ね備えたライフセーバーを委嘱する。委嘱期間は1年間。

⑧ 認定OWS指導員制度

2012（平成24）年、海、川、湖などの自然環境下における水泳指導を行う指導者の養成を目的に策定された指導員資格制度。資格の取得には、日本水泳連盟公認基礎水泳指導員資格または日本体育協会公認資格（水泳）を保有または取得予定で、「学科講習（OWS講習会）」「実技試験（OWS検定1級）」「指導実習（OWSスイムクリニック）」を受講、合格、修了しなければならない。詳細は、日本水泳連盟のホームページ（http://www.swim.or.jp/）に掲載されている。

⑨ 認定OWS競技会と認定OWSサーキットシリーズ

2012（平成24）年、安全対策（OWS検定の実施、ガイドラインの遵守、セイフティ・オフィサーの配置、安全浮き具の活用など）や、公共性（公益性）などの所定条件に適合した競技会を「認定OWS競技会」として定め、これを束ねる形で発足したサーキットシリーズ。日程や申込み方法などの詳細は、日本水泳連盟のホームページ（http://www/swim.or.jp/）に掲載されている。

第 2 章

オープンウォータースイミングをはじめよう

SECTION 1. オープンウォータースイミング競技の概要
SECTION 2. 競技環境を理解する
SECTION 3. 装備・用具を選定する
SECTION 4. 競技の特性と心身の準備

オープンウォータースイミング競技の概要

SECTION 1

　OWSの最大の特徴は、海・川・湖などの自然環境を泳ぐことである。自然環境下で自らの力を最大限発揮するためには、風・波・潮の流れなどを味方につけなければならない。いかに自らを自然環境に適合させることができるか、自らの力で水を「制する」のではなく、水と「和する」ことができるかが重要となる。また、自然環境に身を置くことで、自然環境への畏敬の念や慈しみの気持ちが芽生えることもある。このような、他の水泳競技種目にない特長が、OWSの魅力の1つである。

1 競技の定義

①日本水泳連盟OWS競技規則における定義

　OWSとは「川、湖、海洋もしくは海峡などで行われる10km種目を除く競技」（OWS競技規則第1条第1項要約）、マラソンスイミングとは「オープンウォーター競技における10km種目」（同第1条第2項要約）と定義される。

②日本国内での呼称

　OWS競技規則にかかわらず、「OWS」の呼称は、日本国内において、距離・種目にとらわれない一般的な総称として使用されることがある。同類の総称としては、ほかに「オーシャンスイミング」や「ラフウォータースイミング」などがある。

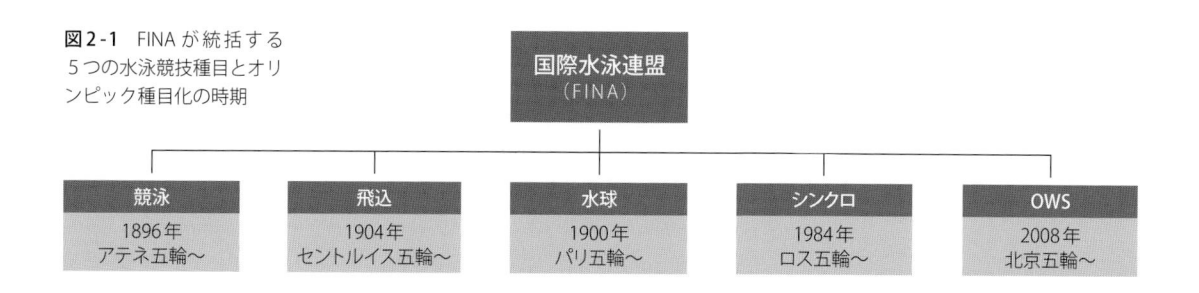

図2-1　FINAが統括する5つの水泳競技種目とオリンピック種目化の時期

国際水泳連盟（FINA）

競泳	飛込	水球	シンクロ	OWS
1896年 アテネ五輪〜	1904年 セントルイス五輪〜	1900年 パリ五輪〜	1984年 ロス五輪〜	2008年 北京五輪〜

また、日本には古来「遠泳」という水泳文化がある（図2-2）。OWSは競技規則に基づいた「競技」名であるため、OWSを「遠泳」と邦訳することは的確な表現とはいえない（第1章2節参照）。

図2-2　日本古来からの遠泳の様子

2 競技の特徴

①競技特性

　OWSの舞台は、主に、コースロープのない自然環境である。プールで泳ぐ競泳と異なり、競技者同士の身体接触や駆け引きが多く見られ、潮の流れや波の影響を考慮したレース戦略を練ることから「泳ぐマラソン」ともいわれている。そのため、OWSには、水泳選手としてのスピード、ストロークテクニック、持久力を包含した「泳力」に加え、どのようなレースコンディション（高水温〜低水温、追潮〜逆潮、好天時〜荒天時、ハイペース〜スローペース、ほか）でも常に自身のパフォーマンスを貫くことができる強い心身の「適応力」が必要とされる。さらには、レース会場の状況をあらかじめよく把握してレースプランを立てたり、潮の流れを利用して泳ぐ方向を決めたりといった「知力」も要求される。このような、自然環境を舞台にしたヨットやマラソン、ゴルフなど他のスポーツ競技種目とも共通する要素をもつことも、OWSの競技特性であり、醍醐味でもある。

②遠泳とOWSの違い

　そもそも日本における水泳の原点は、戦国時代に端を発する武術の1つ、海や川で泳ぐ「水術」にある。この水術はその後「日本泳法」という形で、日本各地でそれぞれの流派として今日まで伝承されている。こうした背景から、これまで日本において海や川で泳ぐことは、「遠泳」に代表される修練・行事としての色彩が強かった。

　その後、時代が昭和に入り、地域色豊かな遠泳大会が日本各地で行われるようになったが、競技ルールに統一性はなく、すべてが地域独自の

表2-1　遠泳とOWSの違い

	遠泳	OWS
概念	行事、修練、自己実現	競技、レース
目的	完泳	主に勝利（人によっては完泳）
求められるもの	計画性、協調性、持久力、精神力	スピード、持久力、精神力、駆け引き、スイムテクニック、知力
泳者	集団（隊伍）、個人	個人、団体
伴走船	指揮船、監視船、先導船など	審判船など

ローカルルールに任されるものであった。したがって、1996年の福岡でのOWS競技大会(「1996年福岡国際OWS競技大会」)の開催は、それまでの日本的な背景とはまったく無縁な、国際的な「競技」の導入であり、新時代の幕開けとしてエポックメーキングな出来事であった。
「遠泳」と「OWS」の違いをまとめると、表2-1のようになる。

3 競技会の概要

ここでは日本水泳連盟OWS競技規則に則った競技会を「競技会」として、その概要を紹介する。

①さまざまな種目

オリンピックでは男女10kmが、世界水泳選手権大会では男女5km・10km・25km、団体5kmが実施種目である。また、国際水泳連盟(FINA)は、世界を転戦する「FINAマラソンスイミング・ワールドカップ」(以下、ワールドカップ)と「FINA OWSグランプリ」(以下グランプリ)の2種類のサーキット大会を主催しており、ワールドカップの実施種目は男女10km、グランプリの実施種目は毎年異なり、2013(平成25)年度は男女15〜88kmで行われた(表2-2、表2-3)。

②年齢制限

競技会への出場は、競技会が行われる年の12月31日時点で14歳以上の競技者とする(同第1条第3項要約)。

③競技会場の条件

競技会場は、流れや水質などについて、その安全が確保される場所で、水深が1.4m以上あり、水温が16℃〜31℃で、コースの折返しがブイ(浮標)等で明確に表示されなければならない(同第5条第2、3、4、5、7項要約)。

④スタート

スターターの合図によりスタートする。固定された壇上から飛び込むか、フローティング(立泳ぎ)による水中からスタートするかの方式で行われる(同第4条第1項要約)。

⑤ゴール

ゴール地点に設置されたタッチ板に触れた時点でゴールとなる。タッチ板は風や潮の干満、もしくは競技者がタッチするときの衝撃で動かないように固定された垂直のもので、少なくとも幅5mのものでなければならない。(同第7条第2項要約)。

[ブイ]
浮標を指し、片道コースではコースに沿って設置され、周回コースや折返コースではターン地点に設置される。

図2-3 ブイを周回する競技者

図2-4 ゴール地点に設置されたタッチ版

表 2-2 オリンピック、世界選手権大会の変遷

開催年	オリンピック	開催地（国）	種目（km）	参加国数	10km 出場者
2008	第29回大会	北京（中国）	10	28	男子25名／女子25名
2012	第30回大会	ロンドン（イギリス）	10	32	男子25名／女子24名

開催年	世界選手権大会	開催地（国）	種目（km）	参加国数	10km 出場者
1991	第6回世界水泳選手権	パース（オーストラリア）	25		
1994	第7回世界水泳選手権	ローマ（イタリア）	25	26	
1998	第8回世界水泳選手権	パース（オーストラリア）	5、25	26	
2000	第1回世界OWS選手権	ホノルル（アメリカ）	5、10、25	34	男子29名／女子19名
2001	第9回世界水泳選手権	福岡（日本）	5、10、25	30	男子28名／女子25名
2002	第2回世界OWS選手権	シャルムエルシェイク（エジプト）	5、10、25	26	
2003	第10回世界水泳選手権	バルセロナ（スペイン）	5、10、25	26	男子32名／女子29名
2004	第3回世界OWS選手権	ドバイ（アラブ首長国連邦）	5、10、25	28	男子26名／女子24名
2005	第11回世界水泳選手権	モントリオール（カナダ）	5、10、25	25	男子34名／女子23名
2006	第4回世界OWS選手権	ナポリ（イタリア）	5、10、25	26	男子37名／女子28名
2007	第12回世界水泳選手権	メルボルン（オーストラリア）	5、10、25	43	男子53名／女子42名
2008	第5回世界OWS選手権	セビリア（スペイン）	5、10、25	38	男子54名／女子51名
2009	第13回世界水泳選手権	ローマ（イタリア）	5、10、25	38	男子48名／女子45名
2010	第6回世界OWS選手権	ロバーバル（カナダ）	5、10、25	30	男子37名／女子37名
2011	第14回世界水泳選手権	上海（中国）	5、10、25、団体5	43	男子67名／女子56名
2013	第15回世界水泳選手権	バルセロナ（スペイン）	5、10、25、団体5	44	男子65名／女子51名

表 2-3 FINAマラソンスイミング・ワールドカップ、FINA OWSグランプリ（2013年）

W杯	開催日	開催国	距離	参加者数（男子／女子）
第1戦	1月27日	ブラジル	10km	84名（49名／35名）
第2戦	2月2日	アルゼンチン	10km	44名（29名／15名）
第3戦	3月1日	イスラエル	10km	65名（33名／32名）
第4戦	4月13日	メキシコ	10km	114名（64名／50名）
第5戦	7月25日	カナダ	10km	17名（12名／5名）
第6戦	8月10日	カナダ	10km	37名（22名／15名）
第7戦	9月29日	中国	10km	61名（34名／27名）
第8戦	10月5日	香港	10km	82名（45名／37名）

グランプリ	開催日	開催国	距離	参加者数（男子／女子）
第1戦	1月27日	アルゼンチン	15km	31名（18名／13名）
第2戦	2月3日	アルゼンチン	57km	25名（17名／8名）
第3戦	2月10日	アルゼンチン	88km	24名（14名／10名）
第4戦	4月20日	メキシコ	15km	64名（38名／26名）
第5戦	7月27日	カナダ	32km	25名（15名／10名）
第6戦	8月3日	カナダ	34km	24名（13名／11名）
第7戦	8月24日	マケドニア	30km	27名（17名／10名）
第8戦	9月1日	イタリア	36km	22名（14名／8名）

⑥泳法

すべてのOWS競技はフリースタイルで行われる（同第6条第1項要約）。

⑦違反行為

1回目の違反行為にはイエローカード（またはフラッグ）、2回目の違反行為にはレッドカード（またはフラッグ）が掲示される。レッドカードを提示された競技者は失格となり、速やかに退水しなければならない。あまりにひどい違反行為には、1回目でレッドカード（またはフラッグ）が提示され、即失格・即退水となる（同第6条第3項要約）。

⑧栄養・水分補給

給水エリア（フィーディングステーション、図2-5）から、コーチが競技者に栄養・水分補給を行う。その際に使用する竿は、全長5m以内で、30×20cm以内の国旗を目印として装着することができる。なお、コーチは給水エリアから競技者に指示を与えることができる（同第6条第14、17項要約）。

⑨コース閉鎖

1位の競技者がゴールしてから、5kmごとに15分の割合で計算された制限時間（最大120分）でコースが閉鎖される。制限時間内にゴールできない競技者は「DNF（Do Not Finish）」として扱われ、記録や順位は残らない（同第6条第18項要約）。

図2-5 給水エリアからの栄養・水分補給の様子

4 国内各地の競技会の概要

ここではローカルルールに則った競技会を「国内各地の競技会」として、その一般的な概要を紹介する。

①レースの種類

国内各地の競技会の実施種目は、おおむね次の3つに分類される。

●**1.5km未満のレース**

OWSでは短距離とされ、初心者に適したレース距離である。初心者は短距離で経験を積んだうえで、徐々にレース距離を伸ばしていくことが望ましい。

●**1.5km以上5km未満のレース**

国内各地の競技会の大半がこの距離に属する。短距離レースに比べOWS特有のテクニックを駆使する局面が適度にあり、経験を積むに従って味わうことのできるOWSの楽しさを実感できる点で、中級者に最

適な距離といえる。競技者に人気の高いレース距離であり、1レースで200～600人が出場するような競技会もある。出場する競技者の競技レベルの差が大きいため、出場する場合は自らの力量に見合ったペースを守ることを忘れてはならない。

● 5km以上10km未満のレース、10km以上のレース

上級者が多く出場するレース距離である。一般的に競技時間が1時間を超えることが多く、肉体的にも精神的にもタフさが求められる。OWSに必要な知識やテクニックを駆使しないと満足な結果が得られないため、OWSの醍醐味を堪能できる距離といえる。

② 一般的なコースレイアウトとその特性

一般的なコースレイアウトは、主に次の3種類に大別される（図2-6）。

● 周回コース

設置されたブイ（浮標）の周りを周回するコースレイアウトで、三角形や四角形のコースが主流である。このレイアウトでは、ブイを周るたびに、波、風、潮から受ける影響が変化する。そのため、「1つ目のブイと2つ目のブイの間は追い潮だが、3つ目のブイに向かう時は横潮になる」など、事前にレースイメージを立てておくとよい。スタートとゴールが同地点となり競技運営が簡便なことから、現在、国内各地の競技会で最も一般的なコースレイアウトである。

● 折返しコース

設置されたブイで折返し、スタートとゴールが同地点となるコースレイアウトである。このレイアウトでは、往路と復路でまったく逆の波、風、潮の影響を受けることになる。

● 片道コース

スタートとゴールの場所が異なるコースレイアウトである。このレイアウトでは、波、風、潮の影響がレース中にあまり変化しないため、「追い」の場合は楽しく泳げるが、「逆」や「横」の場合は厳しいレースコンディションとなる。「ここからあそこまで泳ぐ」という人間の本能的な欲求を満たすため、ゴール時の達成感と充実感が大きく、最も人気のあるコースレイアウトである。

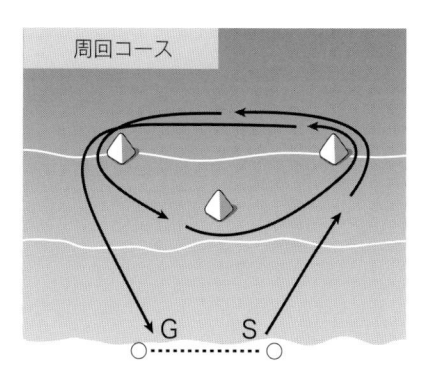

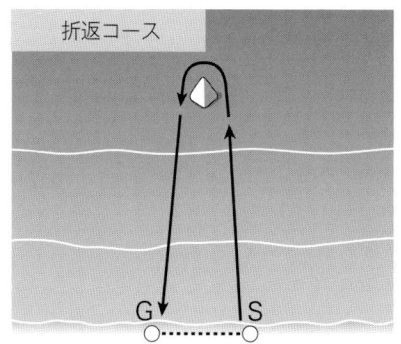

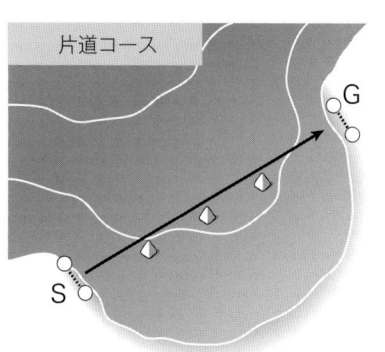

図2-6　主要なコースレイアウト

競技環境を理解する

SECTION 2

1 海域の自然環境に関する知識

　OWSは、海、川、湖などの自然環境を舞台に行われる水泳競技のため、自然環境の中を安全に泳ぐために、いくつかの基本的な知識を習得する必要がある。基本知識を習得することで多くの危険を回避でき、「自分の危険は自分で回避する」という習慣を身につけることができる。

①海流

　海水の恒常的な一定方向の流れを海流といい、海の中に「川」があるようなものといえる。日本近海には暖かい暖流と冷たい寒流が流れていて、暖流は「黒潮本流（日本海流）」と「対馬海流」がある。寒流は「親潮（千島海流）」と「リマン海流」がある（図2-7）。

②潮汐（潮の干満）

　潮の干満による海水面の変化を潮汐といい、月や太陽などの天体の引力で引き起こされる（図2-8）。通常1日2回の昇降だが、場所や季節に

[潮汐]
月の引力によって生じる干潮・満潮といった潮の動きを潮回りという。大きく分けて次の5つがある。
- 大潮（おおしお）
　干満の差がもっとも大きな日。
- 小潮（こしお）
　干満の差がもっとも小さな日。
- 中潮（なかしお）
　大潮と小潮の中間。
- 長潮（ながしお）
　潮の差し引きがほとんどない。小潮に分類されることもある。
- 若潮（わかしお）
　次の大潮に向けて潮が動き出し、潮が「若返る」という意味からの転用。

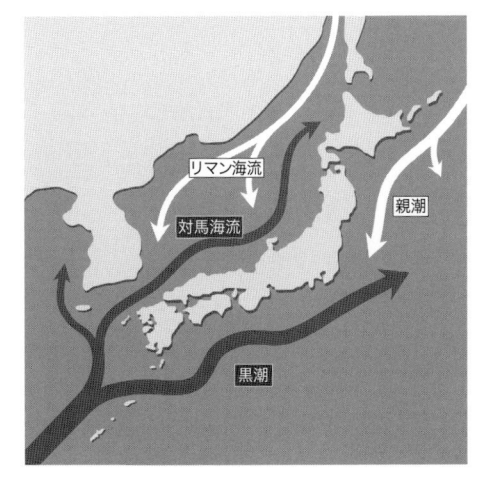

図2-7　日本を流れる海流

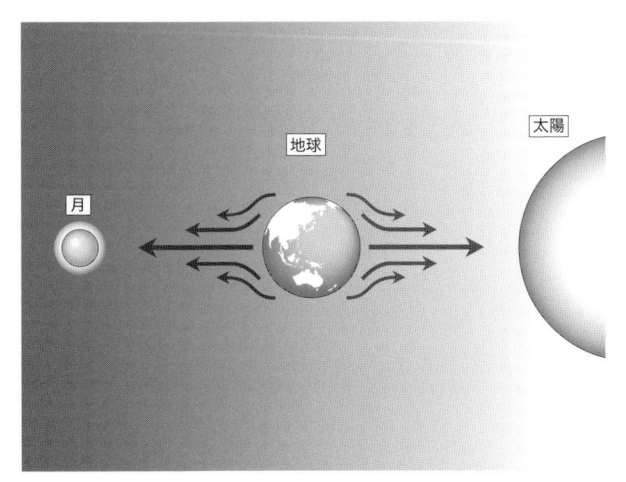

図2-8　潮の干満

よっては1日1回のこともある。天体と地球の位置関係から、満月や新月の時がもっとも昇降の差の大きい「大潮」となり、上弦や下弦の月の時にもっとも昇降差の小さい「小潮」となる。

③潮流

潮の干満によって生じる海水の流れを潮流という。潮の干満には周期があるため、潮流の向きも約6時間ごとに変わる。干満の差の大きい大潮の時は、その流れは速くなる。流れの速さは水深や地形の影響も受けるので、鳴門海峡や関門海峡など、局地的に5〜8ノット（1ノットは、時速1.852km）の激しい流れとなるところもある。

④潮目

海面上で局所的に細かな三角波が立っていたり、筋のような縞が浮いているように見える海域がある（図2-9）。この現象は流れる向きの異なる表面流がぶつかり合ってできるもので、この現象が起きている海域を潮目と呼んでいる。潮目では、不規則に立つ三角波の影響により泳ぎづらいだけでなく、海面に木片やゴミ、クラゲが浮かんでいることが多く、競技者は注意が必要である。また、プランクトンも多く漂流していることから多くの魚が集まり、その魚を求めて鮫が集まることもある。

図2-9 潮目による海面の差（提供：守谷雅之）

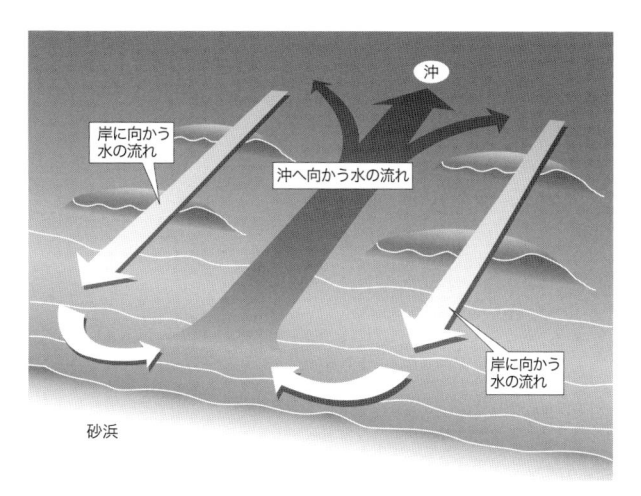

⑤リップカレント（離岸流）

沖合いから岸に向かって流れてきた海水は行き場を失い、岸と平行に流れた後、ある特定の場所で一気に沖合いに向かって流れ出る。この岸から沖合いへの海水の流れをリップカレントという（図2-10）。リップカレントは幅の狭い強い流れで、速いもので秒速2mほどになる。沖合いから岸に向かって泳いでも岸に近づかない場合は、このリップカレントの中にいる可能性が高い。その場合は、慌てずに20〜30mほど岸と平行に泳いでから岸に向かうとよい。

なお、泳ぎ出す前に浜から海面を観察していると、リップカレントを見分けることができる。周囲と比べて、波があまり立っていなかったり、波がなかなか崩れにくい場所があれば、そこがリップカレントの位置である。

図2-10 リップカレント

2. 競技環境を理解する | 23

⑥海水温

　日本国内でOWSの競技会が開催される時期の水温は、おおよそ20～28℃の間で推移している。一般的に、湾内や岸辺付近から沖合いに離れるにしたがって水温は低くなる。海で泳いでいると、突然水温が冷たく（温かく）なることがあるが、これは潮流や水深、海底の状況などの影響よるものである。水温が一定に保たれているプールと大きく異なる特徴なので、足の痙攣や精神的な動揺を起こさないよう、自然環境下では水温が一定ではないことを競技者は事前に理解しておくとよい。

⑦風と波

　海面上に風が吹くと小さなさざ波が発生する。さざ波は風からエネルギーを吸収して発達を続け、やがて波に成長する。その後、波はいくつも重なり、次第に大きくなっていく。やがて風が止むと、大きな波は小さな波を吸収してひとつになり、丸みを帯びてうねりとなる。風がないのにうねりが海岸に打ち寄せるのは、遠方沖で風によって起こった風波がはるばる伝わってくるからである。「波高」「周期」「波長」は風速や吹送時間（風が吹き始めてからの時間）、そして吹送距離（風上からの距離）とともに増大する。このように風と波には深い因果関係がある。

　また、波には力の強いゾーンと弱いゾーンがある（図2-11、2-12）。図の色の濃い部分の力がもっとも強く、色が薄い部分にいくにしたがって、波の力は弱くなる。沖に向かって泳ぐ際、波の力の強い部分に巻き込まれると簡単に海底に叩きつけられて怪我をするおそれがある。

色の濃い部分ほど波のパワーが強く、薄い部分にいくにしたがって弱くなる。

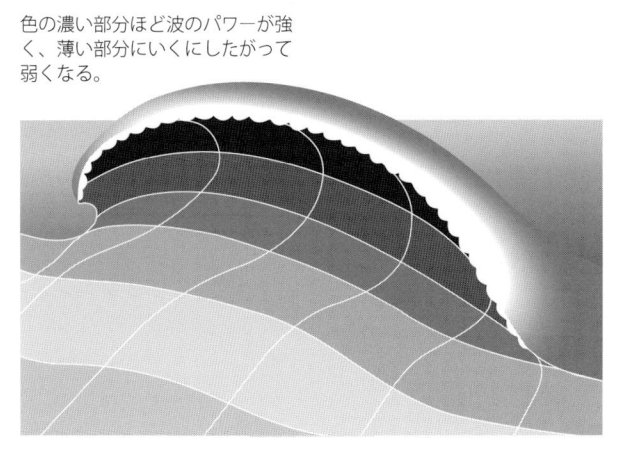

図2-11　波のパワー（前から）

波が崩れる時には矢印の方向に水が集まり、パワーも強くなる。

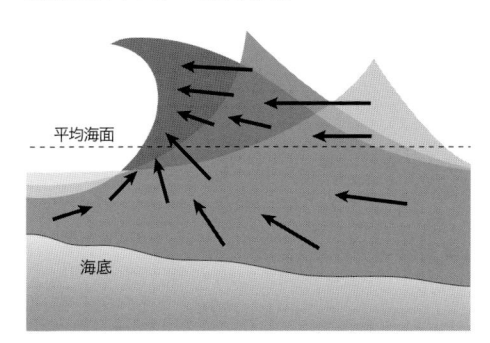

平均海面

海底

図2-12　波のパワー（横から）

⑧風向き

　海面上に吹く風によりさざ波が発生する。息つぎの際にさざ波が顔にかかると、水を飲んだり息つぎがうまくいかないことがある。さざ波は風上側から顔にかかるため、レース前に風向きを確認しておき、コース上の風向きに合わせて泳ぎながら呼吸する側を変えるなどするとよい。

⑨海底

　海底の形状は大きく「砂地」「岩場（珊瑚礁を含む）」「泥地」の3つに大別される。海に入水する際は海底の形状に注意し、足の裂傷や転倒などを防ぐ必要がある。また、砂地でも岩が点在していることがあるため、注意を怠ってはいけない。競技会場に到着したら、競技会主催者に海底の形状を確認するとよい。

　泳ぎ始めてからは海底の形状にあまり気をとられる必要はないが、まれに岩場や珊瑚礁などで突然浅瀬になっている場所がある。こうした場所では決して立ち上がらず、迂回できる場合は迂回した方がよい。迂回できない場合は最小限の接触で済むように、平泳ぎなどで切り抜けるとよい。

⑩日照

　OWSは長距離を長時間泳ぐため、好天時のレースでは炎天下に肌をさらす時間が長くなる。そのため、レース前後はできるだけ直射日光を避け、水分を十分にとり、帽子をかぶるなどして、過度な日焼けや熱中症に注意する必要がある。

⑪危険生物

　海中にはさまざまな生物が潜んでいる。それらとの出会いはOWSの大きな魅力の1つだが、なかには危険性の高い生物もいる。もっとも遭遇する確率の高い危険生物はクラゲである。カツオノエボシ（図2-13）のような毒性の強いクラゲに刺されると、猛烈な痛みと痺れに襲われる。クラゲは波打ち際に漂っていることが多いので、海で泳ぐ場合は入退水時が要注意である。

図2-13　カツオノエボシ（提供：串本海中公園 http://www.kushimoto.co.jp/）

2 海域の人工的環境に関する知識

①定置網の位置

　日本国内の沿岸部には、定置網が数多く敷設されている。魚網は太いロープによって吊るされており、そのロープにはフジツボなどが付着しており、競技者が触れると簡単に裂傷を負うことがあるので注意が必要である。

②漁業協同組合や漁港の位置

各海域には漁業協同組合（漁協）と漁港が存在する。レース開催日であっても漁船が漁港に出入港することがあるので、漁船や漁船が通行した際に起こす引き波には注意が必要である。

3 河川の自然環境に関する知識

①瀬と淵

河川の中で、水深が浅くて流れが速いところを瀬という。また、河川の曲がったところで水深が深くなったところを淵という（図2-14）。

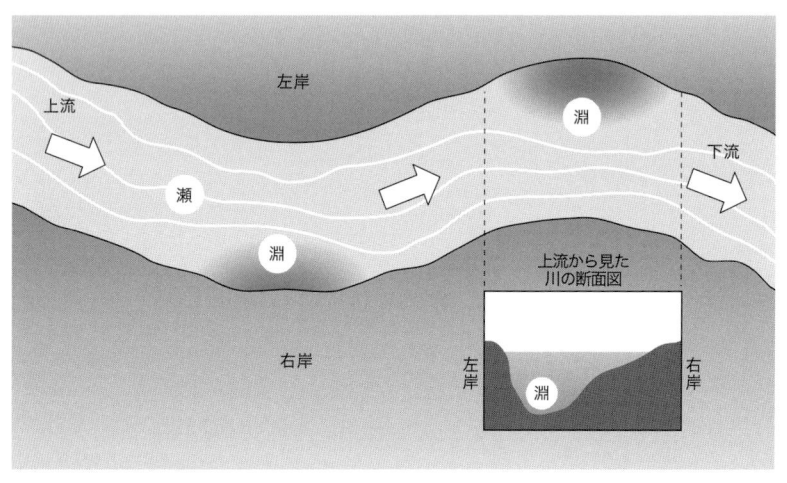

図2-14　瀬と淵の関係

②上流

河川は主に山間部の湧水を源流とし平野部に流れ海に注ぐ。この山間部の源流に近い区域を上流（または山地渓流）という。上流は川幅が狭く、勾配がきつく流れは速い。蛇行区間には多数の瀬と淵が存在する。

③中流

上流と下流の間の区域を中流という。蛇行区間には一対の瀬と淵が存在する。

④下流

河川は最終的に海に注ぐことが多く、海に近い区域を下流という。下流は川幅が広く、勾配が緩やかで流れは速くない。蛇行区間には、一対の瀬と淵が存在する。

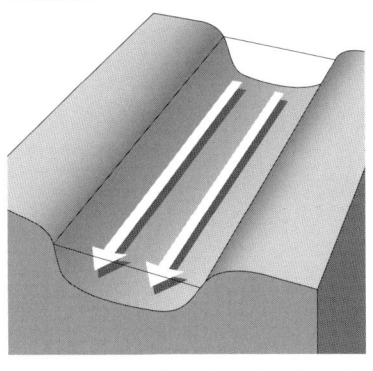

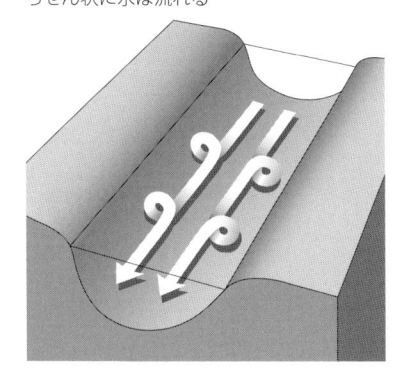

浅い川ではまっすぐに水は流れる　　　　一定以上の水深のある川では、らせん状に水は流れる

図2-15　河川の形状と流れの違い（直線箇所）

⑤直線箇所の流れ

　水深が浅いところでは、水は中央部・岸側ともにまっすぐ並行に流れ（整流という）、流れの速さに大差はない。しかし、一定の水深になると、水は2本並んだらせん状の流れとなり、流速も中央部の方が岸側に比べてはるかに速くなる（図2-15）。

　したがって直線コースの場合は、できるだけ川幅の中央部を泳いだ方がよい。

⑥曲線箇所（カーブ）の流れ

　曲線箇所では外側の方が内側に比べて流れが速い。そのため、できるだけ外側を泳いだ方が速い流れに乗ることができる（図2-16）。しかし、一般的に河川は蛇行しているため、外側を泳いでいても次の曲線箇所のときに内側になってしまうことが多い。

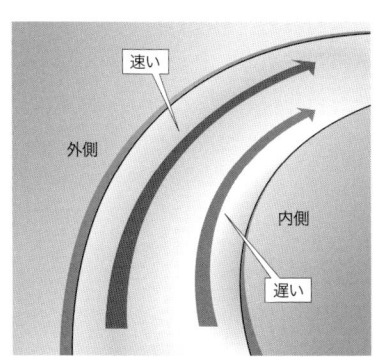

図2-16　河川の形状と流れの違い（曲線箇所）

4 河川の人工的環境に関する知識

①橋梁（きょうりょう）

　河川におけるOWSの場合、河川にかかる橋梁の「数」「形状」「名称」「スタート・ゴール地点からの距離」などを事前に知っておくと、ゴールまでの距離感がつかむことができ、競技中のペース配分などに有効である。

競技会当日に知っておきたい情報

●天気予報で情報収集（天候、気温、風向、風力、波高など）

天気予報は、レースコンディションに直接影響を与える天候・気温・風向・風力・波の高さなどの情報を多く含んでいます。レース当日は、気象庁や気象情報会社のホームページなどを利用し、天気予報を必ず確認しておきましょう。

気象庁のホームページ　http://www.jma.go.jp/

●潮汐時刻、潮回り、海水温

レース当日の潮汐時刻（満潮と干潮の時刻）や潮回り（大潮、小潮など）、海水温なども事前に把握しておくとよいでしょう。レースの際に潮がどのように流れるか、どのくらいの強さか、スタートやゴールの際の水深はどのくらいか、すべて事前にイメージでき、レース戦略を十分に練ることができます。

海上保安庁のホームページ　http://www.kaiho.mlit.go.jp/

●潮汐表の見方

布良（館山市・千葉県）

200X.X	Y（日）		
	○	大	B
満潮時刻	5：19	18：42	A
タイドイメージ ()はcmで潮高を表す	(150) (100) (-1)		C
干潮時刻	──	12：10	A

A　X月Y日の館山市は左図のとおり、
満潮　5：19と18：42
干潮　12：10

潮はそのピーク時間から30分程度で動き始める。

B　潮の呼び名（潮回り）は「大潮」。

C　一日の潮の動きを追ったタイドイメージと潮高。

装備・用具を選定する

SECTION 3

1 装備・用具の重要性

　OWS は、海、川、湖などの自然環境を利用した水泳競技のため、たとえ同じ会場の同じ種目（距離）であっても、天候や海象などの影響でレース環境は毎年異なる。天候、海象、日差し、水温、潮流、水の透明度などは、レース当日になってみないと解らないことも多い。そのため、OWS では、当日のレース環境に自分をいかに適応させるかが大変重要になってくる。そこで、OWS に出場する場合は、積極的に「装備・用具を選択する」という意識が必要となる。OWS において、装備・用具の選択は、重要な戦術のひとつと理解すべきである。

2 各種装備・用具とその選び方

　次に挙げる装備・用具は、OWS に出場するうえで必要なだけでなく、競技結果に大きな影響を与えるものである。それぞれについて解説する。

①水着

●OWS 競技規則に則った競技会

　日本水泳連盟のホームページに掲載されている「国内競技会での競泳水着の取り扱いについて」に準じた水着、または FINA が承認した OWS 用水着を着用する。OWS 用水着は競泳水着と比べて体を覆う面積が大きく、保温効果があることが特長である。そのため、低水温でのレースでは特に有効とされている。

●ローカルルールに則った国内各地の競技会

　競泳水着には、様々な形状・種類がある（図2-17）。天候や水温、風、波の状況にあわせて着用する水着を選択できるよう、数種類を常時保有しておくとよい。できれば会場へ数種類の水着を持参し、当日の天候などによって最適な水着を選択することが望ましい。

　競技会によっては、ウエットスーツやラッシュガードの着用が認めら

図2-17　水着等の種類
男性（上2点）、女性（下2点）ともにスパッツや足首まで隠れるタイプのものがある。（提供：アシックス、デサント）

図2-18　ラッシュガード
（提供：フットマーク株式会社）

れている競技会がある。水温が低い場合は、ウエットスーツの着用も選択肢として加えてもよい。ただし、使い慣れていないウエットスーツ（新調したばかり、他人からの借用など）をレースで着用することは避けるべきである。胸部への圧迫が強すぎたり、浮力の影響で体が余計に浮きすぎて、慣れていないと泳ぎにくい場合があるためである。その点、浮力のないラッシュガードはクラゲ対策上も有効で、安心して気分よく泳げるという特徴があり、初心者にとっても扱いやすい（図2-18）。

また近年、安全性を一層高める目的で、初心者を対象に浮力体の着用を推奨・容認する競技会も増えている。浮力体の代表的な例として、日本水泳連盟が推薦するOWS用安全浮き具『シーベスト』や『フラットブイ』などがある。

②ゴーグル

● OWS競技規則に則った競技会

OWS用ゴーグルの着用が望ましい。OWS用ゴーグルは、他の競技者との身体接触で怪我をしないように、目の周りのクッションが厚く、レンズ自体が柔らかくなっている。広い視野（広角）を確保するためにレンズが大きく、かつ、曲面になっている。曇り止め加工や紫外線（UV）カット加工がなされたものもある。OWS用ゴーグルがない場合は使い慣れた競泳用ゴーグルでも構わないが、本格的にOWSに取り組む場合は、OWS用ゴーグルにいち早く慣れておきたい。

● ローカルルールに則った国内各地の競技会

ゴーグルも2〜3種類は常に保有しておきたい。日差しのない雨や曇りの日は、クリアレンズのゴーグルが有効である。天気がよく日差しの強い日は、スモークレンズや光を遮断するメタリックレンズ（ミラーレンズ）のゴーグルが適している（図2-19）。

POINT

安全浮き具は、最低限の浮力を確保することができ、かつ保温効果のあるネオプレーン素材でできたウエットスーツタイプのものや、ある程度の浮力を伴う浮き具を腰などに装着するタイプのものなどが各メーカーから販売されている。

[OWS用の安全ベスト（上）と安全浮き具（下）]

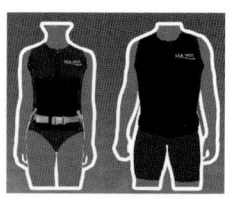

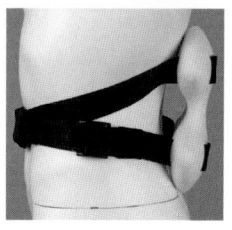

（提供：フットマーク株式会社、ミズノ）

図2-19　ゴーグルの種類　クリアレンズやスモークレンズなどがある。好みによってクッションのないタイプもある。（提供：デサント、アシックス）

また、視力の弱い競技者はコンタクトレンズを着用するか、度付きゴーグルを使用するとよい。いずれにしても、使い慣れたゴーグルを用意することが一番大切であり、会場にはゴーグルを複数個持参し、たとえひとつが破損してもすぐに交換できるように準備をしておくべきである。

③スイムキャップ

　自然環境で泳ぐ場合は、周りから視認されやすい、明るく目立つ色（できれば蛍光色）のキャップを着用することが基本である。材質はラテックス，シリコン，ナイロン（メッシュ）などがあるが、何を使用するかは競技者の好みでかまわない（図2-20）。ただし、サイズがきついスイムキャップの着用は避けるべきである。着用時間が長いOWSでは、圧迫が強いと頭部が痛くなることがあるためである。なお、競技会では、使用するキャップを競技会主催者が用意する場合が多い。

④保護・保温用の塗布クリーム

●ワセリン

　長時間泳いでいると、身体各所が擦れて痛み出すことが多い。とくに、脇の下、首の後ろ、内大腿、水着の際などが擦れやすい。このような部位には、軟膏の基材であるワセリンを泳ぐ前に塗っておくとよい。水着の際の擦れに対しては、水着の内側にまで入念にワセリンを塗布しておくとよい。ウェットスーツやラッシュガードの際の擦れも、同様の措置で防ぐことができる。また、ワセリンの代わりに、ラノリンを使用しても同様の効果が得られる。

●ホットクリーム

　低水温でのレース時に使用する。塗布後30分間ほど効果が続く。レースの開始時間にあわせて塗布することが必要である。

●日焼け避けクリーム

　たとえ曇り空であっても紫外線の影響で日焼けをする。レース前に肌が露出している部分に日焼け避けクリームを塗布しておくとよい。塗布を忘れがちな部位としては、耳の後ろや膝の裏側がある。

⑤その他

●腕時計

　ローカルルールに則った国内各地の競技会のなかには、マラソンやトライアスロンなどで使用される軽量の腕時計の使用が認められている競技会がある。腕時計を使用したい場合は、あらかじめ競技会主催者に使用の可否を確認しておくとよい。なお、OWS競技規則に則った競技会では、腕時計の使用は一切認められていない。

●履き物

　夏の砂浜はとても高温で、裸足で歩けないことがある。また、ガラスの破片などを踏んで怪我をすることもある。体を守る意味から、ビーチサンダルなどの履物の準備も欠かせない。

図2-20
スイミングキャップの種類
　上はラテックス製、下はナイロン製（メッシュ）。二枚重ねをしたり、耳まで被ったりすることで寒さ対策も可能。（提供：デサント、ミズノ）

［ワセリンとラノリン］
ワセリンとは、石油から得られる炭化水素類の混合物を精製したもので、さまざまな軟こう基剤として広く用いられている。一方、ラノリンとは、羊毛を切り取ってウールに仕上げる際に回収されるウールグリースを精製したもので、保水性に優れ、体温でゆっくりとけて皮膚を保護する。英仏海峡横断遠泳などでも使用されている。

競技の特性と心身の準備

SECTION 4

1 競技に合わせたからだづくりと心構え

　競技者は、自らの力量（泳力、技術、知識）に適した距離の出場種目を選択することが望まれる。OWSには、主に「時間泳（足をつけずに泳いでいられる力）」「方向確認」「立ち泳ぎ」「緊急時の対応技術」などの泳力と技術が求められる。また、潮汐やリップカレント（離岸流）の特徴など、レースに影響しそうな自然環境に関する知識も最低限必要である。力量が未熟と判断される場合やOWS経験の浅い競技者には、プールでの泳力を過信せず、OWSの練習会や講習会、検定会などに参加して、OWSに必要な基礎的な力量を身につけてから競技会に出場する謙虚な心構えが求められる。

CHECK!

競技にかかわるボディケアとスキンケア

　OWSは、海、川、湖といった大自然を相手にするスポーツのため、自然に対する対策も重要になってきます。

●ワセリンの塗り方

　ワセリンの塗布は、競技者本人ではなく指導者や仲間がビニール袋やポリ袋で手を被い、少量を両手でよく引き伸ばして行います。競技者本人が塗布すべきではない最大の理由は、ワセリンのついた手でゴーグルを触ることで、ゴーグルが汚れ、視界が悪くなり、競技中大きなストレスになるためです。また、ワセリンが手についていると、救助の際に滑りやすく、救助の妨げにもなることがあります。べとつきやすい性質のため、塗布の際には専用のウエス（古着、ぼろ雑巾の類）も用意しておき、塗りたい箇所以外についてしまったら十分に拭き取りましょう。

●日焼けには2種類 ―サンバーンとサンタン―

　日焼けは、主に中波長紫外線であるUVB、そしてUVAの作用で起こります。陽にあたった後、ヒリヒリした痛みとともに赤くなり、水疱ができることもあります（サンバーン）。その後、黒くなります（サンタン）。サンバーン防御度はSPF（Sun Protection Factor）、サンタン防御度はPA（Protection grade of UVA）で表されていますが、日焼け止めクリームなどはSPF30以上、PA＋＋程度が適切といわれています。

OPEN WATER SWIMMING

第 ❸ 章

オープンウォーター スイミングの 競技会に参加しよう

※館山市の許可を得て桟橋から飛び込みスタートを実施しています。

SECTION 1. 競技会の選択とエントリー方法
SECTION 2. スタート前の準備とウォーミングアップ
SECTION 3. スタートの種類とスタート時の留意点
SECTION 4. レース中とゴール時の留意点
SECTION 5. ゴール計測とクーリングダウン
SECTION 6. 栄養補給と水分補給
SECTION 7. ドーピング検査の方法と注意

競技会の選択と
エントリー方法

SECTION 1

1 競技会の種類と特徴

　現在、アクアスロンなどのトライアスロン関連の競技会を含めると、日本国内で1年間に行われるOWSの競技会は100を超える。これらを分類すると、OWS競技規則に則った競技会と、独自のルール（ローカルルール）に則った国内各地の競技会とに大別できる。
　前者のOWS競技規則に則った競技会は、日本水泳連盟の競技会要項に記載されている出場資格の適格者のみが出場するため、競技性が極めて高い。後者のローカルルールに則った国内各地の競技会は、競技性の高いものから完泳を目的としたものまで、目的もルールも形式も多種多様である。

2 競技会へのエントリー方法

　競技会への出場は、次のような手順に基づいて行う。
　まず、現在の泳力やレース経験度、トレーニングの状況などを総合的に判断して、競技者自身の実力に見合った競技会をいくつか選択する。次に、開催日や場所、種目（距離）、コース、エントリー料、予想される水温などを確認し、出場する競技会を決定する。
　出場する競技会を決定したら、すぐにエントリーの手続きを行う。近年では、オンラインでホームページなどからエントリーを行う「オンライン・エントリー」が主流である。エントリーの手続きを済ませたら、装備・用具の準備にとりかかり、レース当日に合わせてトレーニングやコンディションの調整を行う。

3 競技会前に行っておきたいメディカルチェック

　本来、心身の健康のために行うスポーツにおいて事故による負傷や障害が生じることは不本意である。OWSにおいて事故を最大限避けるた

[多種多様な競技会]
OWSには、競技性の高い競技会から完泳を目的とした競技会まで存在する。競技者は、自らの力量と、どのような安全対策が講じられているかを判断材料にして、出場する競技会を選択するとよい（第6章参照）。

第3章 オープンウォータースイミングの競技会に参加しよう

CHECK!

競技会出場までの流れ

競技会情報を入手する

- 競技会要項やインターネットを通して国内外の競技会情報を調べる。

▼

競技会を選択する

- 競技会が自分の実力や目的に適したものかを判断する。
 (現在の泳力、レース経験度、トレーニング状況など)
- 競技会が自分の都合に合うかを確認する。
 (開催日時、水温、場所、種目、距離、コース、エントリー料など)

▼

エントリー手続を行う

- インターネットでオンライン・エントリーを行う。
- オンライン・エントリーを導入していない競技会では、競技会事務局へ連絡して、一次要項書類(エントリー用紙)を取り寄せ申し込む。

▼

競技会参加(エントリー)費を支払う

- オンライン決済、または指定の金融機関でエントリー費を振り込む。

▼

二次要項書類一式を受けとる

- 送られてきた書類を確認し、競技スケジュールや競技説明会などの日時を調べる。
- 競技会の受付・登録の際に提出する書類を準備し、保管しておく。

▼

競技会会場にて受付・登録

- 競技会当日、会場にて受付・登録を行う。その際、提出すべき書類を提出する。
- 上腕部や肩甲骨付近にマジック等で選手番号をナンバリング(記入)してもらう。
- コースレイアウト、招集時刻、スタート時刻などの変更点を確認する。

[OWSでの事故の特徴]
OWSをその一部に含むトライアスロンのスイム種目と合わせると、OWSでは最近30年で約30名の死亡事故が起きている。競技人口の増加から年間死亡数は増加しており、近年は年間2〜3例の死亡事故が生じている。中高年の心・血管系事故や溺死のケースが多く、普段からのメディカルチェックおよび競技中に異常を感じとったら自ら競技を中止する重要性を再認識させられる。

めにはOWS特有の身体的負荷を知っておく必要がある。また、普段からしっかりとトレーニングを積むことはもちろんのこと、自身の健康管理やメディカルチェックも行っておく必要がある。

①知っておくべき基礎知識

● **OWSにおける事故の特徴**

水中でのアクシデントは原因となる疾病に加え、溺水の状態が加わることで呼吸や循環の異常も来たし重症化しやすくなる。またプールとは異なり救急対応に時間がかかるため、重症化の危険がある。

● **水中特有の身体的負荷**

水中では体温が奪われやすいため、水温が低い場合は低体温症を生じる恐れがある。これは血圧の上昇や酸素摂取量の上昇（エネルギーが余計に必要になる）、不整脈の発現、呼吸筋の活動が抑制され息苦しくなるなどの恐れがある。また水温が高い場合は、熱中症や脱水の危険があるが、水中にいると自覚しにくい。さらに、水圧や姿勢の影響で下半身や皮膚の血流が心臓へ多く流れるようになり、心臓への負担が高くなる。

このようなOWSにおける事故の特徴を知った上で、普段からの健康管理を行っておくことが重要である。

②必要なメディカルチェック

競技会前に行っておきたいメディカルチェックには、次のようなものがある。

● **内科的項目**

一般的に行われている健康診断等で行う項目（下掲）は必須である。

・問診
・採血（貧血、肝・腎機能、電解質のチェックなど）
・尿検査
・胸部X線写真
・安静時心電図
・呼吸機能検査

さらに、運動時の症状や心疾患危険因子がある場合はさらに次のような検査が必要である。

・心臓超音波検査
・ホルター心電図（24時間心電図記録）
・運動負荷心電図

● **整形外科的項目**

次に示すような整形外科的障害や症状なども普段から把握し、原因や

対策等について知っておく必要がある。知らずに無理をすればかえって治癒までの時間がかかる恐れがあり、さらに思わぬ事故を生じる可能性もある。

- ・既往の外傷や障害の把握
- ・コンディション評価(アライメント、関節弛緩性、タイトネス等のチェック)
- ・現在の外傷や障害部位の評価

● **基礎疾患がある場合**

また、高血圧や糖尿病などの基礎疾患がある場合、運動に伴う血圧の変動や高・低血糖などは思わぬ重大事故を招く恐れがある。基礎疾患は普段からコントロールされていることが必須であり、また競技会への参加について、主治医とよく検討することも必要である。

特に、耳鼻科的疾患を有する場合は溺水の危険が高まるため、必ず主治医と相談する。喘息や心臓血管系の基礎疾患がある場合も、主治医とよく相談しておく必要がある。

● **セルフチェック**

最後に、競技者自らでできるセルフチェックも重要である。普段から下掲のような症状がある場合は、右側に示す疾患の可能性もある。そのため、これらの症状のうち1つでも当てはまるものがあれば、競技会前に医療機関を受診し調べておく必要がある。

☐ 運動中に胸が痛くなる、苦しくなる	▶狭心症、心筋梗塞
☐ 動悸を感じる、脈が飛ぶことがある	▶不整脈
☐ 突然意識が遠のくことがある	▶不整脈や脳血管の異常
☐ 激しい頭痛を生じることがある	▶脳血管の異常
☐ 足のむくみや突然の腫脹が生じた	▶心不全や深部静脈血栓症
☐ 運動中に咳が止まらず苦しくなる	▶運動誘発性喘息、過換気
☐ 胸の痛みが生じた後、深呼吸しづらくなることがある	▶気胸
☐ めまいや耳が聞こえにくい症状がある	▶耳鼻科疾患

スタート前の準備と
ウォーミングアップ

SECTION 2

1 コースの確認

　OWSでは、たとえ同じ会場での同じ競技会であっても、毎年、天候や海象などの条件でレース環境が変わることを認識しておかなければならない。そのため、事前に行われる競技説明会（ブリーフィング）へ出席し、次の2点を確認したうえで、レースに臨むことが大切である。

- コースレイアウト
（ブイの設置場所、周回方法、スタートやゴールの方法を含む）
- レース当日のタイムスケジュール

　競技説明会では、競技会主催者からできるだけ多くの情報を入手し、不明な点は質問する。また、レース当日のウォーミングアップの際には、コースレイアウトを自分の目で再確認するとよい。ライフセーバーなどに最新の海象状況を質問することも有益である。

2 目標物の確認（2点確認）

　レースの最中、競技者は自分で目標物を定めて泳ぐ必要がある。一般的に、ブイ（浮標）やゴールを目標に泳ぐのであるが、それだけを目指していると潮に流されて蛇行していたとしても競技者自身では気付くことができない。そこで、目標とするブイだけでなく、ブイの延長線上にあり動かないもの（たとえば、目立つ建物や山など）との位置関係を事前に把握しておくと、実際のレースの際に、蛇行することなく最短距離で目標に向かうことができる。

　図3-1の場合、A地点で目指すべきブイの先に鉄塔がみえたとする。しばらく泳いでから確認しても、やはりブイの延長線上に鉄塔がみえたとしたら、最短距離でブイに向かっていることがわかる。しかし、しばらく泳いでいるうちにB地点にいたとしたら、潮流などの影響で右に流され蛇行してしまったことがわかる。したがって、継続的にブイと鉄塔

の2点で目標どりをしていれば、大きく蛇行することはない。

　もしもA地点にいるときに競技者がブイしか確認していなかったとしたら、どうだろうか。B地点に流されてしまったとしても前方にはやはりブイがあり、自分が蛇行していることに気づかずに、蛇行しながらブイに向かうことになる。目標設定の仕方を誤ると、目標のブイに最短距離でたどり着けなくなってしまう。

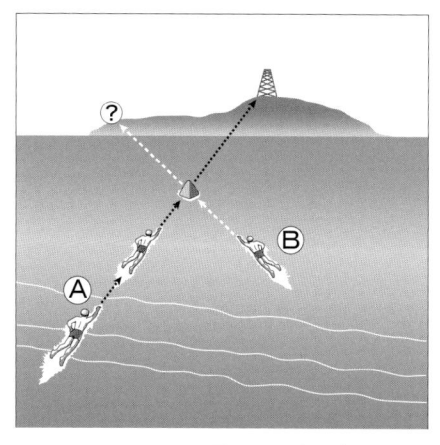

図3-1 目標設定の仕方（2点確認）　常に手前のブイと遠方の固定物の2点で目標どりを行う。

3 潮の影響の確認

　レースが行われる時間帯は、潮が満ちてくるのか引いていくのか、そして、潮汐によって潮の流れがどのように変化するのかなどを確認する。

　そのうえで、レース中の潮の流れは、追い潮（フォロー）なのか、横潮なのか、逆潮（アゲインスト）なのか、それを受けてレース中にどのように泳げば潮の流れを利用できるかなど、レースプランを立てる。

4 天候の影響の確認

　レース当日の天候、たとえば、炎天下なのか曇るのかなどを確認する。天候は体感温度や水中の視界などに影響する。レース当日は天候を確認してレースイメージを練るとともに、最適なゴーグルや水着を選択する。

　また、合わせて風向の確認をするとよい。それによって、どの方向から波やうねりが寄せているかを確認して、ペース配分や息継ぎをする側を含めたレース計画を立てることができる。

　さらに、競技会主催者やライフセーバーが発表する会場の水温を確認することも大切である。水温が低かった場合には、スイムキャップを2枚重ねるなどの寒さ対策を講じることができる。

5 ウォーミングアップ

①ウォーミングアップのポイント

　ウォーミングアップは、体を競技に円滑かつ安全に適応させ、傷害のリスクを減少させるだけでなく、高いパフォーマンスを発揮させるために重要である。競技前の心身が休んでいる状態から、激しい運動状態に徐々に準備させることを目的に、ジョギング等の軽い有酸素運動（最長10分程度）から始め、体を緩める運動（準備体操→ストレッチング）、

OWS特有の運動（ラン、スイム）を行うとよい。そのねらいは、主に2つあり、1つは準備運動やストレッチングで筋肉を伸張することにより、関節の可動性を円滑にし、競技力の向上や傷害予防を図ること、もう1つは実際に泳いだり、ジョギングやその他の体操等による基礎運動で、筋温や深部体温を高め、エネルギー代謝を効率化し、競技力の向上を図ることである。

②軽い有酸素運動

ウォーキングやジョギング等による軽い有酸素運動の目的は、心拍数と血流量を増加させ、筋温を高めることである。実施は最長10分間までが適当である。

③準備運動・ストレッチングの実際

OWSでの長時間のスイムは、全身運動となるため、特に肩甲帯周囲、股関節の可動性や柔軟性向上を意識する必要がある。また、独自ルール（ローカルルール）に則した国内各地の競技会では、陸上スタートから泳げるポイントに行くまでは、股関節を大きく曲げて、内旋させながら走る（ウエーディング）必要がある。そのことも意識して、運動をするとよい。

〈準備運動〉

●上半身（肩甲帯・体幹）の準備運動

(a) 肩回し　その1：肘を伸ばしながら、大きく回す。前回し、後ろ回しを各5回行う。
(b) 肩回し　その2：肘を曲げ、手で肩を触りながら、肘を大きく回す。肩甲骨の動きを意識し前回し、後ろ回しを各5回行う。
(c) 肩甲骨の上げ下ろし：肩甲骨を上に大きく上げたり、下ろしたりを5回繰り返す。
(d) 肩甲骨の内外転運動：肩甲骨を大きく前にもっていったり、背骨に近づけたりを5回繰り返す。
(e) 体幹の前後屈：体幹を大きく前に5回、後ろに1回反らす。
(f) 体幹の回旋：体幹を大きく右回しで3回、左回しで3回、回旋させる。

[ウォーミングアップのメカニズム]
ウォーミングアップによる体温上昇により、ヘモグロビンやミオグロビンからの酸素解離の増加、代謝反応の加速が起こり、競技力の向上につながる。

[OWS特有の運動：ラン]
国際水泳連盟（FINA）ならびに日本水泳連盟のOWS競技規則に則った競技会では、スタートからゴールまでの間に「ラン」は存在しない。なぜなら、スタートは壇上からの飛び込みスタート（ポンツーン）、もしくは水中スタート（フローティング）、ゴールはタッチボードへのタッチで行われるからである。
しかし、独自のルール（ローカルルール）に則った国内各地の競技会では、陸上スタート＆陸上ゴールが一般的な方式のため、スタートからスイムまで、そしてスイムからゴールまでの間に「ラン」が存在する。そのため、本書では競技会でのウォーミングアップの対象として「ラン」も含めて解説した。

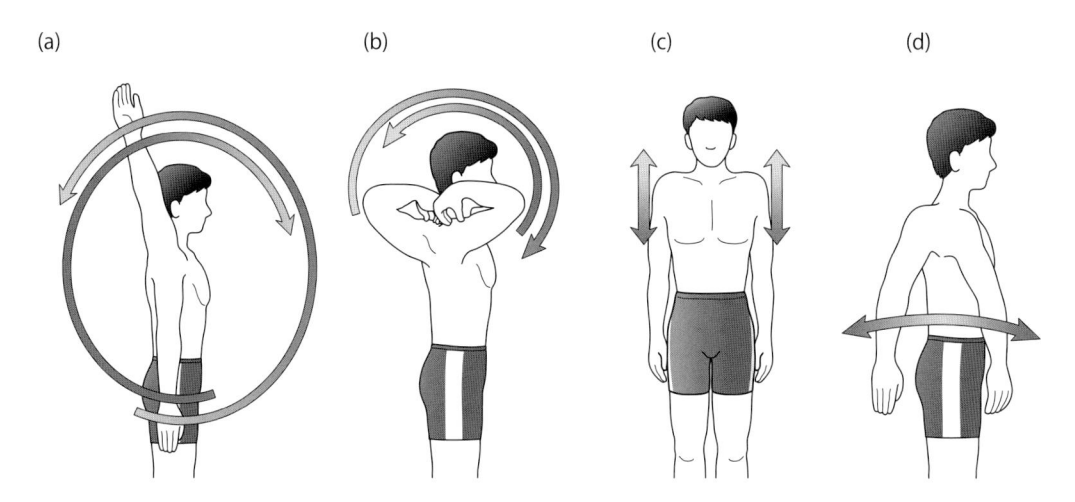

図3-2　上半身の準備運動

●下半身の準備運動
（a）屈伸：両膝に手をあてて、伸ばしたり曲げたりする。
（b）伸脚：脚を開いて、片膝を曲げて、もう一方の脚を伸ばす。
（c）股関節の前後・左右運動：股関節を膝を伸ばしたまま前後、左右に大きく振る（なるべく体は起こしたまま）。
（d）股関節の回旋：股関節を大きく回す。膝を曲げて5回、次に膝を伸ばして5回行う。

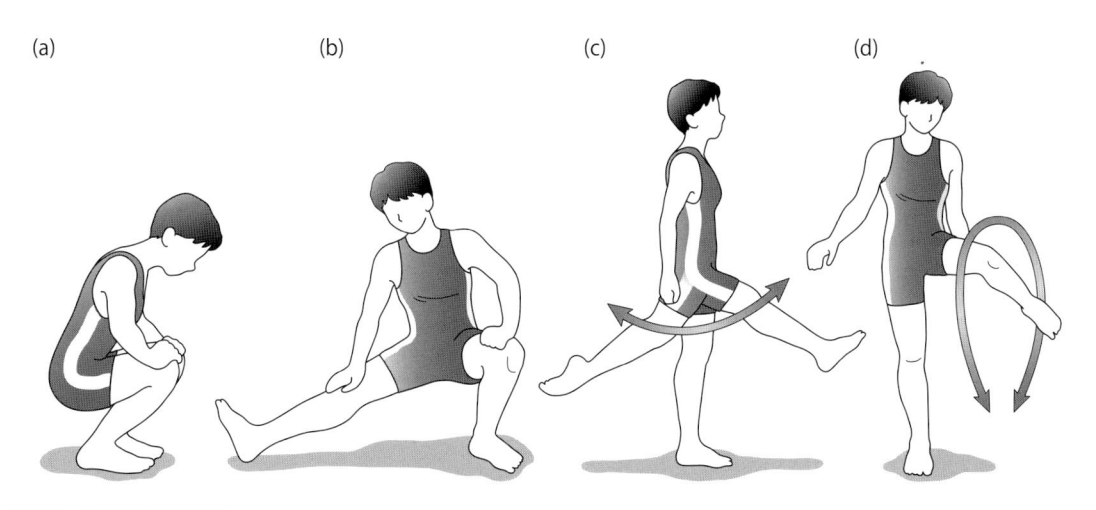

図3-3　下半身の準備運動

[ストレッチングのポイント]
ストレッチングは、伸ばしている部位を意識し、呼吸を止めずに10秒程度かけて行うと効果的である。

〈ストレッチング〉

　息を吐きながら、10秒程度伸張する。伸ばされている部位を意識すると効果が高い。ここでは、競技会の会場でも行いやすい床等に寝なくても行えるストレッチングを中心に紹介する。

●上半身のストレッチング

(a) 肩関節の伸張　その1：肘を伸ばしたまま両手を背中の後ろで合わせて、台等に置いてから座る。その状態で胸を張るようにやや立ち上がる。

(b) 肩関節の伸張　その2：右肘を背中の後ろで曲げて、手のひらを背中に合わせる。頭の後ろで右肘を左手で持ち、内側、後方にゆっくりと引っ張る。反対側でも行う。

(c) 肩関節の伸張　その3：左腕を胸の前に伸ばして、伸ばした腕の肘あたりを右腕で胸の方に引っ張る。反対側でも行う。

(d) 肩関節の伸張　その4：体重を支えられる支柱を利用し、支柱を両手でつかみ膝を曲げながら後方に体重移動する。腕で支柱を引っ張る。

(e) 腰部・骨盤の伸張：右足を高いベンチ等に乗せ、左足と体幹は真っ直ぐに保ちながら骨盤を前に持っていく。その状態で体を右に向くように平行に捻る。反対側でも行う。

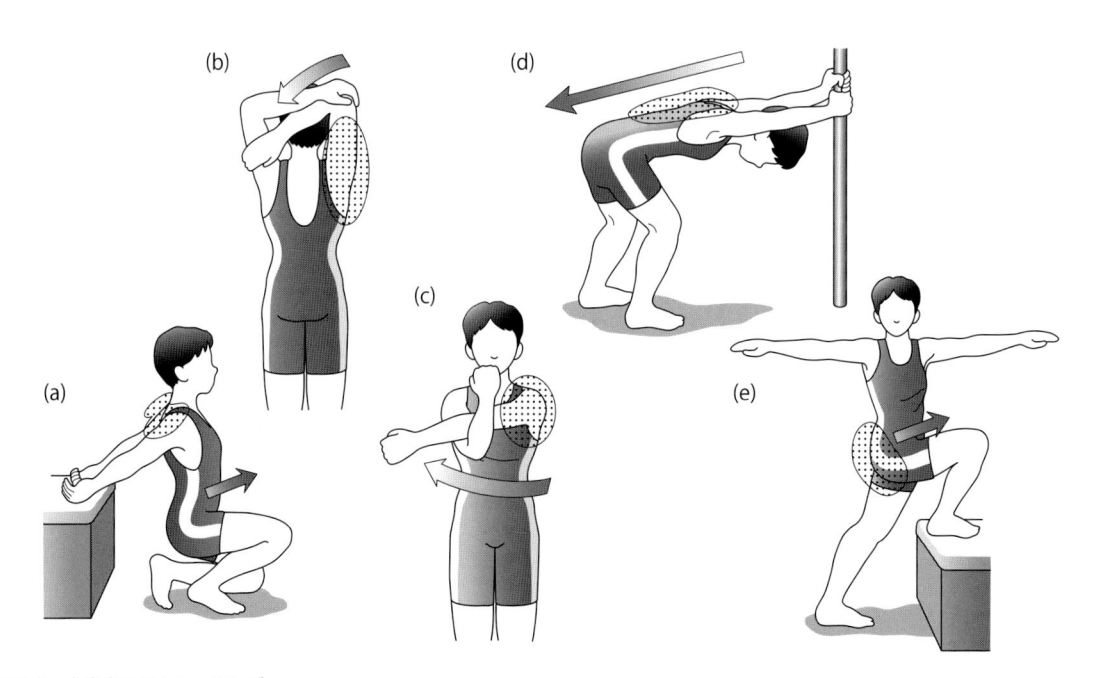

図3-4　上半身のストレッチング

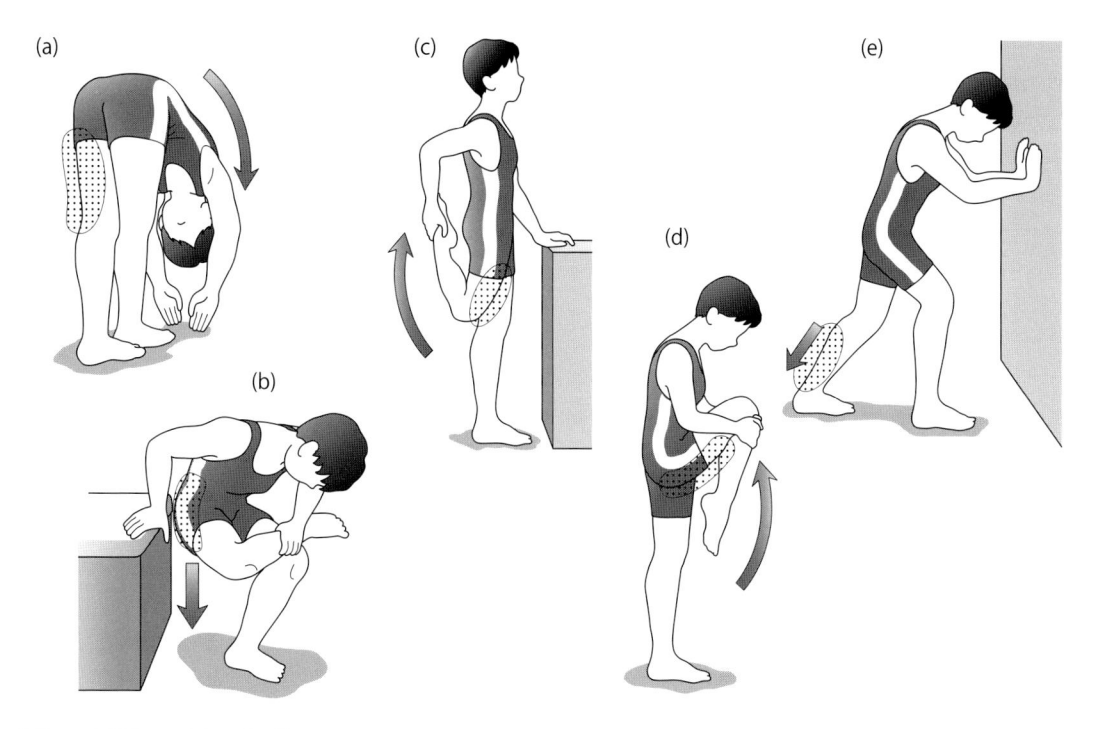

図3-5 下半身のストレッチング

●下半身のストレッチング
(a) 大腿部の伸張　その1：脚を前後に交差させ、体幹を前屈する。前後の脚を交代させて行う。
(b) 臀部の伸張：左膝の上位に右下腿を乗せ、左膝を曲げる。体幹を前屈させると安定する。反対側も行う。
(c) 大腿部の伸張　その2：片脚立ちになり、右膝を曲げ、右手で持つ。右膝を左膝につけてから、左膝よりも右膝が後ろに行くように、後ろに引っ張る。反対側も行う。
(d) 大腿部の伸張　その3：片脚立ちになり、右膝を胸に近づけるように、両手で引っ張る。反対側も行う。
(e) アキレス腱の伸張：アキレス腱を伸ばす。反対側も行う。

④ OWS特有の運動（ラン、スイム）

スタート直後に実際に泳げる場所まで行くためのラン、スイムを実際に行う。負荷や量は、通常の練習量に合わせて決めるとよい。

試合の時だけでなく、普段の練習からウォーミングアップをこのような順序で行い、最もパフォーマンスが高まる方法を自分で探しておくことが大切である。

[OWS特有の運動：ラン]
国際水泳連盟（FINA）ならびに日本水泳連盟のOWS競技規則に則った競技会では、スタートからゴールまでの間に「ラン」は存在しない。なぜなら、スタートは壇上からの飛び込みスタート（ポンツーン）、もしくは水中スタート（フローティング）、ゴールはタッチボードへのタッチで行われるからである。
しかし、独自のルール（ローカルルール）に則った国内各地の競技会では、陸上スタート＆陸上ゴールが一般的な方式のため、スタートからスイムまで、そしてスイムからゴールまでの間に「ラン」が存在する。そのため、本書では競技会でのウォーミングアップの対象として「ラン」も含めて解説した。

スタートの種類と
スタート時の留意点

SECTION 3

1 スタートの種類と特性

　OWS競技規則に則った競技会と、独自のルール（ローカルルール）に則った国内各地の競技会とに分けて、解説する。

①OWS競技規則に則った競技会

　OWS競技規則に則った競技会では、飛び込みスタートか、水中（フローティング）スタートとなる。いずれの場合も、スターターによるエアホーンなどの号砲（聴覚）と、手旗の振りおろし（視覚）がスタートの合図となる。スターターによる号砲と手旗の振りおろしは、同時に行われる。

●飛び込みスタート

　固定された壇上（ポンツーン）から飛び込んでスタートする。壇上には競技者の番号が記され、競技者は自身の番号の記されたスペースに整列し、スターターによる合図と同時に一斉スタートする（飛び込む）。なお、並ぶ位置（番号）は競技会主催者が競技者にランダムに割り当てる（図3-6,7）。

●水中（フローティング）スタート

　泳ぎ出すことができる水深の地点にスタートラインが設けられ、競技者はライン上に立ち泳ぎで整列する。スターターによる合図と同時に一斉スタートする（図3-11）。

②ローカルルールに則った国内各地の競技会

　独自のルール（ローカルルール）に則った競技会のスタートは、陸上スタートと水中スタート（足が立つ水深の地点にスタートライン）が一般的である。いずれの場合も、スターターによるエアホーンなどの号砲（聴覚）がスタートの合図となる。

図3-6　競技者の番号が記されたスタート壇上

図3-7　壇上からの飛び込みスタート前の様子
（提供：フォート・キシモト）

図3-8 陸上スタートの様子（ローカルルールに則った競技会）

　出場者が多い競技会では、年齢や性別ごとに分かれ時間差をつけてスタートし、スタート直後の混乱を最小限にする場合がある。このような時差式のスタート方法を「ウエーブスタート」と呼んでいる（図3-12）。後発の組でのスタートの場合は、前の組のスタート状況をしっかりと見て「どの辺りから泳ぎ出すか」や「どのコースをとるか」といったスタート時のレース戦略を練るとよい。

●陸上スタート
　スタートの合図と同時に、陸上から走って入水してスタートする。陸上から一定の距離を走り、走りながら入水し、泳げる深さに達したところでスイムをスタートする「ラン＆スイム」の技術が必要になってくる（図3-8）。
　ここで、十分な水深になるまで膝を高く上げて水の中を走る「ウエーディング」（図3-9）や、ある程度の水深に達した時に波をしっかりと見て頭から飛び込む「ドルフィニング」（図3-10）というテクニックが必要になる。この技術を身につけると泳ぐよりも速いスピードで沖に向かうことができるため、波がなくおだやかな遠浅の浜辺などでは非常に有効である。なお、浅いところや波が崩れる真下に飛び込むと、水底に頭をぶつけて頸（椎）を損傷する危険性もあるので、十分に注意が必要である。
　特に海でのOWSの場合、海に飛び込むタイミングは重要である。ここで波を恐がったり海に飛び込むことを躊躇していると、かえって波に巻き込まれてしまい、浜（陸）に引き戻されてしまうことがある。水深が腰の高さより低い場所では、イルカのように手を伸ばして頭から水中に飛び込み、海底の砂を両手でつかみ、海底を蹴飛ばして再び水面に飛び出る動作を繰り返すことで波間を速くくぐり抜ける「ドルフィニング」を駆使して前に進むとよい。

［波が高い時のスタート］

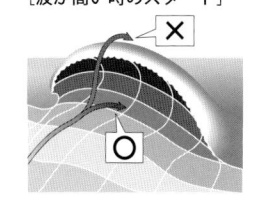

泳ぎ始めて沖に向かっていく際に、打ち寄せる波は競技者にとって大きな障害となる。図のように色が濃いところほど波の力が強くなる。
そのため、大きな波をクリアするには、波が来たらその下に潜るとよい。頭上を波が通過していくだけなので、浜（陸）に戻されるような大きなロスなく前進することができる。

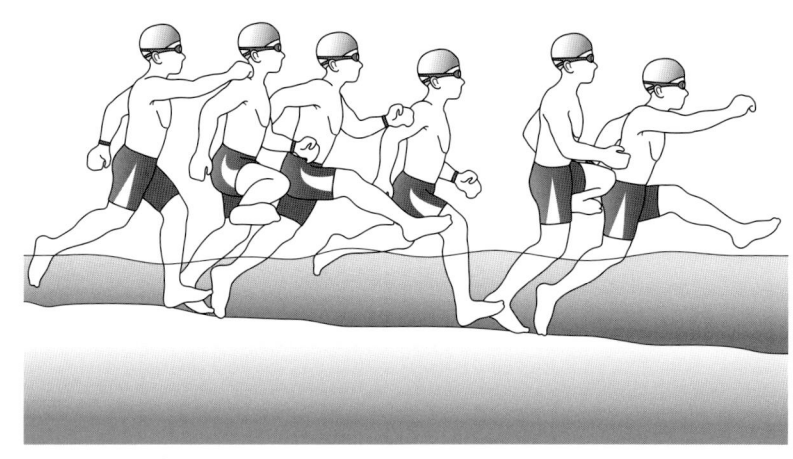

図3-9 ウエーディング　大きく腕を振りハードルを越えるように

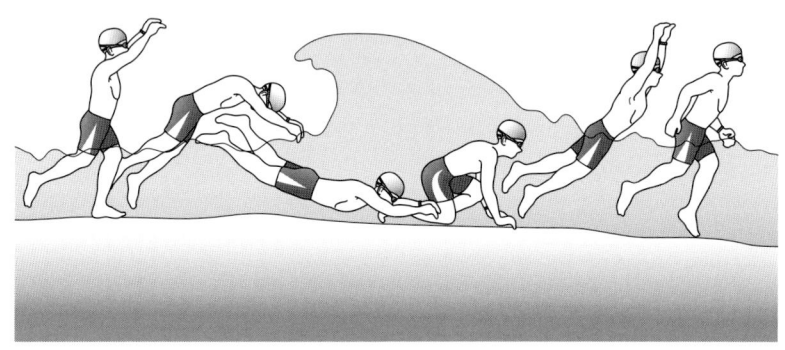

図3-10 ドルフィニング　手を前に伸ばして頭からイルカのように水中に飛び込む

●水中スタート

　足が立つ腰高あたりの水深の地点にスタートラインが掲げられ、競技者はその地点まで歩いて進み、ラインで立って整列する。スターターによる合図と同時に一斉スタートする。

［競技者のエチケット］
オリンピックや世界水泳選手権大会などの国際大会では、競技者へのナンバリングの際に、他の競技者を傷つけない措置として、爪切りが実施されている。日本国内では、爪切を義務づけている競技会は少ないが、競技者のエチケットとして自主的に行うようにするとよい。

［スタートのポイント］
・スタート時、上級者は前へ、初心者は後ろへ移動する。
・泳ぎ始めたら、自分の泳ぐスペースを確保する。
・競技者同士の身体接触は、最小限にする。

図3-11 立ち泳ぎで一列に並んだ水中スタート（OWS競技規則に則った競技会）

図3-12 時差式のウエーブスタート（ローカルルールに則った競技会）

2 スタート時に起こりうる状況と対処法

①泳ぐスペースの確保

スタート直後は競技者の密集度が高くなるため、競技者同士で蹴られたり殴られたりの激しい身体接触に見舞われることが多い（図3-13）。そのため、自分の泳ぐ位置を前後左右に移動させ、いち早く自分の泳ぎやすいスペースを確保することが大切になる。国際大会では激しい身体接触を繰り返しながらレースが進行することが多いが、ローカルルールに則った国内各地の競技会では、スタート時の混雑はほどなく解消する。したがって、スタート時は、まずは自分の「泳ぐスペース」の確保を優先し、できるだけペースを崩さず泳ぐように心がけるとよい。

図3-13　スタート時の混雑の様子（ローカルルールに則った競技会）

②低水温への対応

スタート時のパニックの誘因となるものに「低水温」がある。プールと比べて、思わず「水が冷たい！」と感じるところからこのパニックは始まる。自分自身をコントロールする自信がないと、泳ぎながら不安感や孤独感が増幅し、水中の浮遊物を見たり、水温の変化を肌で感じているうちにパニックに陥ることがある。

このような場合は、普段プールで泳いでいる時と同様に、正しいストロークと完全な息継ぎ（呼吸）を行うことのみに集中するとよい。そして「自分はいつもと違った環境の中で泳いでいるだけなのだ」と、自分自身に言い聞かせて落ち着かせることが大切である。

なお、低水温の寒冷刺激による反射できわめて重篤な不整脈をきたす例もあり、競技者はメディカルチェック等で事前にそのような経験の有無を確認しておくことも大切である。

[低水温へのポイント]
自己保全能力（p.105）を養うことで、パニックに陥らない。

レース中と
ゴール時の留意点

SECTION 4

1 コースの確認

OWSでは、潮流などの影響を考慮に入れたコースどりが必要となる。

図3-14の場合、初めからBの軌跡をイメージして泳ぐと、結果的にCの軌跡をたどることがある。一方、潮流や風の影響を考慮し、Aをイメージして泳ぐと、結果的に最短距離であるBの軌跡をたどることがある。

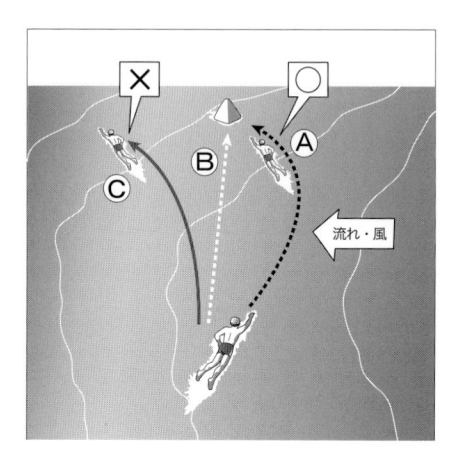

図3-14 潮流や風の影響を考慮した目標設定とコースどり

2 レース中のスイム

①ドラフティング

前方を泳ぐ競技者の後方にぴたりとついて泳ぐことを「ドラフティング」という。ドラフティングは、前方を泳ぐ競技者が作った水流を利用して、抵抗が少ない状況で泳ぐスイムテクニックである。応用例として、前を泳ぐ競技者の斜め後ろについて泳ぐという方法もある。ドラフティングの効果は若干落ちるが、前方の視野が広がるだけでなく、前を泳ぐ競技者を追い越しやすいという利点もある。

②身体接触

OWSでは、競技者同士の身体接触が避けられない。最も重要なことは、身体接触に遭ったとしても、冷静に対処することである。決して感情的になってはならない。国際大会では、他の競技者への攻撃的な行為と審判に判定されれば、イエローカードやレッドカード（一発退場）の反則をとられてしまう。身体接触もOWSの一部と理解して、自分のペースを乱さないことが大切である。

③ヘッドアップスイミング

レース中はブイ（浮標）、建物、山などの目標物を目指して泳ぐ。目

標確認はヘッドアップスイミングで行うが、うねりや波が高い場合は、うねりや波の上がったタイミングで行うとよい。

　ヘッドアップスイミングは通常の泳ぎに比べ、より体力を消耗するので、効率よく、かつ正確に行えるようにしておく必要がある。ヘッドアップクロールの場合、10ストロークに1回程度の割合で、正確な目標どりが行えるように練習しておくとよい（図3-15）。

④**両側呼吸**

　両側呼吸のクロールを習得していると、一定の方向から波が来ている際に、その反対側に顔を上げて呼吸することができ、波が顔にかかり水を誤って飲むようなリスクを避けることができる。また、長時間泳ぐことによる身体的疲労を、片側に偏ることなく左右に分散させることができる。

　また海や川では、まっすぐ泳ぐことが意外と難しい。左右両側で呼吸をすると体の軸をまっすぐに保ちやすいという利点もある。泳ぎながら左右に大きく曲がってしまう競技者は特に両側呼吸を習得しておくとよい。

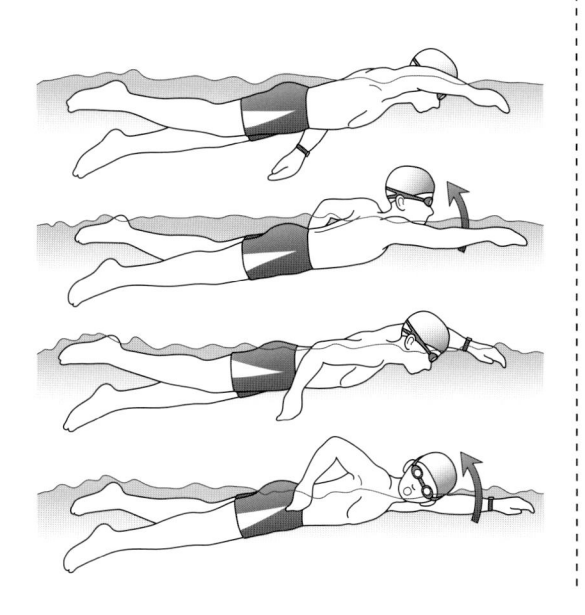

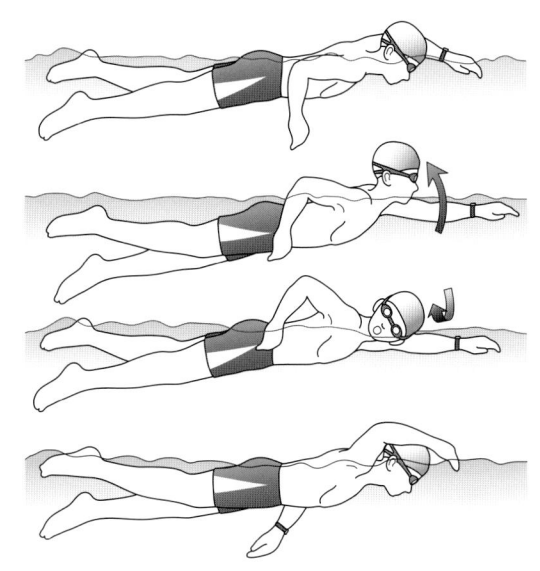

[競技中のスイムのポイント]
・早く自分のリズムをつかみ、ペースを守る。
・両側呼吸を心掛ける。
・目標物を常に確認しながら泳ぐ。

●リズムを崩さずヘッドアップ　　　　●スピードを保ったままヘッドアップ

図3-15　ヘッドアップクロール
初心者は、方向確認のためだけに頭を前方に上げ、呼吸は横向きで確実に行うことができる「リズムを崩さず」を習得してほしい。確実にできるようになったら、頭を上げて前方を確認したらそのまますぐに横呼吸につなげる「スピードを保ったまま」にチャレンジしてほしい。

3 ブイ（浮標）周りでのスイム

　OWSではブイ周りで、順位が大きく変動することがある。泳ぐコースが少し外側に膨らんだだけで、後続の競技者に内側から抜かれ順位を落としてしまう。内側を狙い過ぎると、外側の競技者に押し出されてブイに激突し、やはり順位を落としてしまう。ブイの周辺では、競技者の密集度が一気に高まり、競技者同士が重なり合ったり、蹴られたり、殴られたり、沈められたりするなどの激しい身体接触が起こりやすい。

　こうしたリスクを回避するためには、ブイが近づいてきたらスピードを上げて、そのままのスピードでブイを周り、周り終えてしばらくしてから巡行ペースに戻すとよい。ブイの周辺では、他の競技者との距離を意識的に作り、身体接触をできるだけ避けることが何より重要である。

4 競技中の栄養・水分補給

　OWS競技規則に則った競技会と、独自のルール（ローカルルール）に則った国内各地の競技会とに分けて解説する。

① OWS競技規則に則った競技会

　10km以上の種目では、給水エリアからコーチによる栄養・水分補給が行われる。補給の際は、それまで属していた集団やマークしていた相手から遅れないように、すばやく確実に摂取することが必要である。ただし、すばやく摂取することに気を取られて摂取量が不十分であると、レース後半にそのダメージ（影響）が表れることがあるため、口からこぼさず、すばやく確実に飲み込むことも、OWSの重要なテクニックの1つと考えるべきである。

　補給物は基本的に飲み物が用いられるが、浸透圧を考慮に入れ、市販のスポーツドリンクをおおよそ2倍の濃度に薄めたものを使用する場合が多い。そのほか、ゼリー状の栄養補助食品などを利用する場合もある。1回の摂取量は、これまで一口、二口で飲み込める量（100〜200ml）が適切とされてきたが、近年、200mlをはるかに超える量をしっかり摂取する上位選手が増えてきた。競技レベルの向上、高速化が泳者のエネルギー消耗度を加速させていると推察される。

　給水エリア周辺は競技者の密集度が高く、競技者同士の身体接触が激しくなる。そのため、竿に入った補給物が他の競技者によって弾き飛ばされたり、他の競技者に進路を妨げられコーチからの補給を受けられないこともある。確実な補給には競技者とコーチの息のあったチームワー

クが求められるため、競技者とコーチとで事前に具体的な補給方法について、入念な打ち合わせをしておく必要がある。

②ローカルルールに則った国内各地の競技会

独自のルール（ローカルルール）に則った国内各地の競技会でも、レース中に栄養・水分補給が行われる競技会がある。その方法は、コース上に錨泊した補給専用の船舶やゴムボートから競技会スタッフがペットボトルを配布したり、伴走船に乗船した指導者から競技者に直接補給する方法が一般的である。

5 ゴール時の戦略

ゴールに近づくに連れ、競技者同士の身体接触が一層激しくなる。同時に、ペースも上がる。「激しい身体接触のなか、トップスピードを保ちながら、少ないヘッドアップ回数でゴール地点を見定め、最短距離で泳ぎ切る」という、泳力とOWS特有のテクニックの総合力が求められる。

ゴール地点が見えてくると、スパートをかけるタイミングが勝負を決める。

ゴール計測とクーリングダウン

SECTION 5

1 ゴール計測の種類とその特徴

OWS競技規則に則った競技会と、独自のルール（ローカルルール）に則った国内各地の競技会とに分けて解説する。

① OWS競技規則に則った競技会

OWS競技規則に則った競技会は、水中に設営された計測機能付きのタッチ板にタッチすることでゴールとなる（図3-16）。着順判定は、計測記録やタッチ板に設置されたカメラの映像、着順審判員の目視で行われる。近年の国際大会では、大勢のトップ選手が1秒未満のコンマ差で一気にゴールすることが多いため、カメラ映像による順位確定が頻繁に行われている。

② ローカルルールに則った国内各地の競技会

独自のルール（ローカルルール）に則った国内各地の競技会のゴールは、主に、陸上ゴールとなっている。水際から10〜20mほど上がった陸地に設置された計測器（計測用マット、計測用光電管）を通過した時点でゴールとなる（図3-17）。

陸上ゴールの場合は、長時間泳ぎ続けた直後に走り出すためふらつきやすく、捻挫や肉離れなど、泳ぎ終わった直後の怪我に注意しなければならない。

［競技者が装着するチップ］
チップ計測の場合、競技者は手首や足首にマイクロチップを装着する。装着したチップにゴールタッチ板（水中ゴール）または計測マット（陸上ゴール）内蔵のセンサーが反応して、そのタイムが計測される。一方、光電管による計測の場合は、競技者がチップを装着する必要はない。

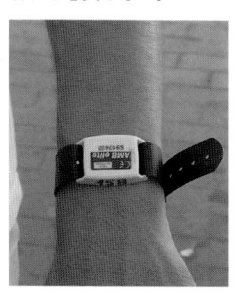

競技者の手首に装着された計測用のチップ

図3-16　水中ゴール
（OWS競技規則に則った競技会）

図3-17　陸上ゴール
（ローカルルールに則った競技会）

2 クーリングダウン

①クーリングダウンのポイント

クーリングダウンは、競技後の疲労感や緊張からの解放感、環境が整っていない等の理由で、重要性は理解しているものの、おろそかにされることが多い。しかし、クーリングダウンは、次の競技や練習に向けた回復のスタートであり、ウォーミングアップと同じくらい大切な要素である。クーリングダウンの目的は、競技直後の状態から心身を安全に安静状態に戻し、体を疲労回復に向けることである。クーリングダウンの順序は、基本的にはウォーミングアップで行ったことを逆の順序で行うとよい。具体的には、まずOWS特有の運動（ラン、スイム）を低レベルに行い、次に体を緩める運動（まず整理体操。その後ストレッチング）を行うとよい。

クーリングダウンのねらいは主に2つある。急に運動を中止すると、特に下肢の静脈血が筋内に停滞し、心臓への循環する血流量が低下し、めまい等を起こしてしまう可能性がある（下肢筋の筋ポンプ作用が心臓への循環作用を担っているため）。また、このような状態が継続すると血中乳酸は上昇したままにもなるので、疲労回復の妨げにもなる。そこで、徐々に運動強度を下げて、心拍数を下げていくことが1つ目のねらいである。また、使用頻度の高い筋肉は、疲労物質の蓄積や微細損傷が起こっている。この状態が長く続くと柔軟性が低下し、障害を発生させるリスクを高くする。このため、整理体操やストレッチングで、筋肉を伸張することにより、関節の可動性を円滑にし、疲労物質の除去を図ることが2つ目のねらいである。

さらに、筋肉内のグリコーゲンの枯渇等に対しては、運動終了後できるだけ早く、糖質の補給が必要である。また、競技中は発汗により、気づかないうちに体内水分量は減少しているため、失われた水分の補給も重要である。

②OWS特有の運動（ラン，スイム）

心拍数、体温を少しずつ減少させ、安静時に戻すことを意識し、スイムやウォーキング、ジョギングを行う。通常5〜10分程度である。

③整理体操・ストレッチングの実際

●整理体操

OWSでの長時間のスイムは、全身運動となるため、特に肩甲帯周囲、股関節の可動性や柔軟性の向上を意識する必要がある。整理体操は、準

[OWS特有の運動：ラン]
国際水泳連盟（FINA）ならびに日本水泳連盟のOWS競技規則に則った競技会では、スタートからゴールまでの間に「ラン」は存在しない。なぜなら、スタートは壇上からの飛び込みスタート（ポンツーン）、もしくは水中スタート（フローティング）、ゴールはタッチボードへのタッチで行われるからである。
しかし、独自のルール（ローカルルール）に則った国内各地の競技会では、陸上スタート＆陸上ゴールが一般的な方式のため、スタートからスイムまで、そしてスイムからゴールまでの間に「ラン」が存在する。そのため、本書では競技会でのクーリングダウンの対象として「ラン」も含めて解説した。

備運動（p.40-41参照）を行ったものを少し、ゆっくりとしたスピードで行うとよい。ここでは、詳細は省略する。

●ストレッチング

　息を吐きながら、10秒ほど伸張させる。伸ばされている部位を意識すると効果が高い。床等でリラックスする環境がなければ、ウォーミングアップの項で挙げたもの（p.42-43参照）を行う。ここでは、床等でリラックスできるものを加えて紹介する。帰宅し、入浴後にここに挙げたものを行うことが理想的である。

〈上半身のストレッチング〉

(a) 肩関節の伸張　その1：臀部の後ろに手のひらを下にして手をついて、足を伸ばして座る。その状態から、徐々に臀部を体から遠ざけていく。

(b) 肩関節の伸張　その2：右肘を背中の後ろで曲げて、手のひらを背中に合わせる。頭の後ろで右肘を左手で持ち、内側、後方にゆっくりと引っ張る。

(c) 肩関節の伸張　その3：右腕を胸の前に伸ばして、伸ばした腕の肘当たりで左腕で胸の方に引っ張る。

(d) 肩関節（腰部）の伸張　その4：両手を広げて仰向けに寝て、片脚を膝を伸ばしてあげて反対側に倒す。さらに倒した脚と同じ側の手を色々な方向に動かし、もっとも伸張感のあるところで動かすことで、胸の前の筋もストレッチさせることができる。

(e) 背部の伸張：椅子に座り、足を広げ、足と足の間に体を曲げる。背部の伸張感を感じるとよい。

(f) 腹部の伸張　その1：うつ伏せに寝て、両手で上体を起こす。腹筋群が伸張される。

(g) 腹部の伸張　その2：横向きで寝て、肘立ちになる。さらに、肘を伸ばし体を起こし、体側を伸張させる。

〈下半身のストレッチング〉

(a) 大腿・臀部の伸張：長座体前屈。骨盤を立てて、前方に手を伸ばしていくとより臀部の筋も伸張させることができる。

(b) 大腿部の伸張　その1：片膝立ちになり、腰を前方に移動させる。後ろ大腿部の前面が伸張される．さらに、膝を屈曲させるとより、大腿前面の筋が伸張される。

(c) アキレス腱の伸張：膝を曲げた形でも行う。より下腿後面下部が伸張される。

図3-18 上半身のストレッチング

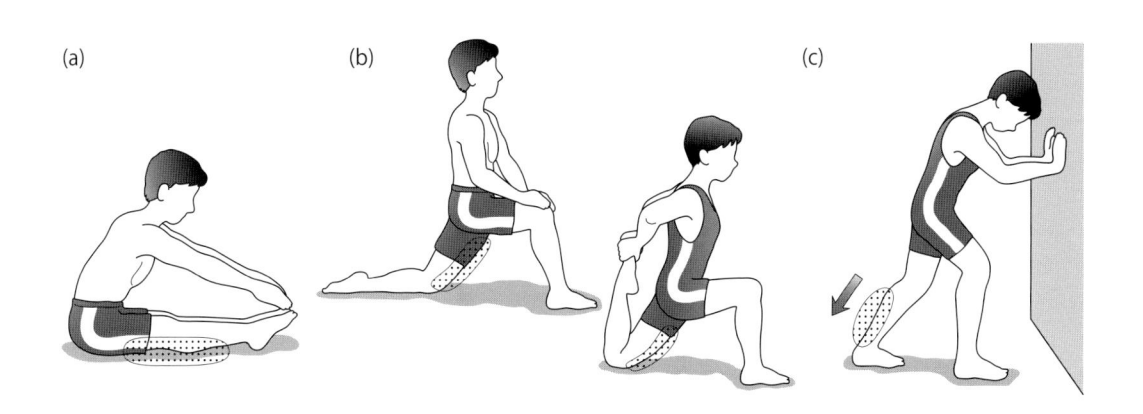

図3-19 下半身のストレッチング

5. ゴール計測とクーリングダウン | 55

最後に、ここではストレッチを中心に紹介したが、次の練習や競技への回復は、栄養状態や休息（睡眠）が重要となる。自分に合った、栄養補給や休息方法を見つけるのも、大切な要素である。

ADVICE!

不安な競技者が知っておきたい情報

●競技者をサポートする伴泳の存在

　どんなにプールではしっかり泳げる人でも、初めてOWSの競技会に出場するときは、きっと期待と不安の入り混じった気持ちでスタートを迎えることでしょう。そのような「できないかもしれないけど、頑張りたい」という日常の生活では成しえないことに挑戦し達成できるスポーツであることに、OWSの意義があります。しかし、不安な気持ちでいっぱいの人はどうすればよいでしょうか。競技中、もっとも不安になるのは「海上でたった独りになった」ときです。進む方向がわからない、ゴーグルが壊れた……そんなときに、スタートから自分のペースに合わせてずっと横に寄り添って泳いでくれるのが伴泳です。呼吸のたびに視認できる、その安心感は計りしれません。競技会の規約をよく読んで伴泳の依頼を検討してみるのもよいでしょう。

手前が伴泳、奥が競技者

COLUMN

オープンウォータースイミングの不思議な力

　OWSに出場する楽しみの1つに、会場で過ごす時間が挙げられます。仲間と談笑したり、のんびりとレースを観戦したり、日光浴をしたり、レース以外の時間もけっこう楽しいものです。

　なかでも一番の楽しみは、OWSの会場ではなぜか見ず知らずの人たちと気軽に声をかけあえることでしょう。普段は他人に声などかけることができないような人でも、レース前の招集エリア内であったり、レース後の表彰式までの待機時間などで、まるで昔からの知り合いみたいに初対面の人たちと仲良くできるのです。

　自然環境に抱かれた者同士が感じ合える連帯感なのでしょうか。はたまた大自然の雄大さが人の心までもおおらかに開放的してくれるのでしょうか。

　いずれにしても、心身のリフレッシュ＆リラクゼーション効果もOWSの醍醐味のひとつであることは間違いありません。

スタート前の張りつめた緊張感

ゴール後はリラックスして和やかに

栄養補給と水分補給

SECTION 6

1 栄養素の基礎知識

①栄養の大切さ

どんなスポーツ種目でも、競技力（パフォーマンス）を向上させるには3つの要素が必要である。それは、その種目に適した体力や技術をみにつける「トレーニング」、そのトレーニング効果を最大限引き出すための食事を中心とした「栄養補給」、そして睡眠に代表される「休養」である。この3つの要素をバランスよく保つことが大切になる。

ここでは、その中でOWSに参加するにあたり、知っておきたい栄養補給、そして水分補給のポイントを解説する。

②栄養素の働き

毎日のトレーニングを効果的に継続して行うには、泳者の健康管理と故障予防が大切になる。そのどちらにも効果を発揮するのが、毎日の食事による栄養補給である。食事によって摂取される食物や飲料などに含まれる炭水化物、脂肪、たんぱく質、ビタミン、ミネラル、そして水などは栄養素と呼ばれる。これらの栄養素すべてをバランスよく摂取するには、バラエティーに富んだ食品を組み合わせた食事をとる必要がある。図3-20はスポーツにおけるこれら栄養素の役割を図示したものである。

●炭水化物（糖質）

運動時の主要なエネルギー源の1つである。主食のごはんやパン、麺類にでんぷんの形で豊富に含まれていて、人間の消化酵素で消化される糖質と消化されにくい食物繊維に分類される。糖質はブドウ糖や果糖といった単糖類に消化され、体内に吸収される。血液中のブドウ糖は、筋肉の収縮や脳などの神経細胞のエネルギー源ともなる。糖質は体内にグリコーゲンとして貯蔵され、長時間の運動では、体内のグリコーゲンを消耗するため、糖質の補給が大切になる。一方、食物繊維は、水溶性と不溶性に分けられ、水溶性のものにはコレステロールを低下させたり、

[栄養・水分補給を読む前に]
本書では一般的な留意点をまとめた。しかし、性別や年代、経験値、競技レベル、競技会場の特性などにより、それぞれに応じた工夫と配慮が必要である。

[必須アミノ酸]
たんぱく質は20種類のアミノ酸から構成されているが、そのうち私たちの体内では合成されないものを総称して「必須アミノ酸」という。私たちは食事からそれらを摂取しなければならないため、食事からこれらの「必須アミノ酸」をバランスよく、そして適量を摂取することが大切になる。人間では、一般的に次の9種類がある。

*トリプトファン
*リシン（リジン）
*メチオニン
*フェニルアラニン
*スレオニン
*バリン
*ロイシン
*イソロイシン
*ヒスチジン

※ヒスチジンは乳幼児期のみ。急速な発育をすることの期に欠かせない。

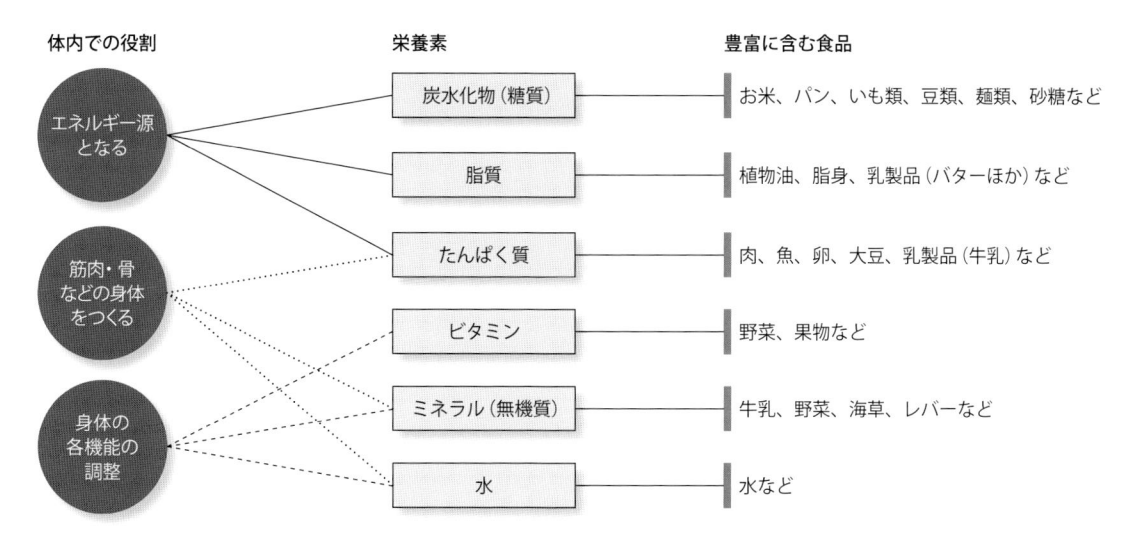

```
体内での役割          栄養素              豊富に含む食品

エネルギー源 ─── 炭水化物(糖質) ─── お米、パン、いも類、豆類、麺類、砂糖など
となる
        ─── 脂質 ─── 植物油、脂身、乳製品(バターほか)など

筋肉・骨     ─── たんぱく質 ─── 肉、魚、卵、大豆、乳製品(牛乳)など
などの身体
をつくる     ─── ビタミン ─── 野菜、果物など

身体の       ─── ミネラル(無機質) ─── 牛乳、野菜、海草、レバーなど
各機能の
調整         ─── 水 ─── 水など
```

図3-20　スポーツにおける栄養素の役割

便の量を増加させる働きがある。不溶性のものには排便を促進する働きがある。

●脂質

エネルギー源となる中性脂肪、細胞膜をつくるリン脂質、コレステロールなどに分類される。エネルギー源として重要なのは中性脂肪で、1gあたり約9kcalの熱量（炭水化物1gは約4kcal）を持つ高エネルギーの栄養素である。このため、長時間の運動では、スタミナを維持するのに脂肪が重要になる。

●たんぱく質

たんぱく質は20種類のアミノ酸が結合してできたものであり、筋肉や血液、酵素、ホルモンの主成分である。食品を消化して得たアミノ酸を利用し、体内で自分の体に合ったたんぱく質に再合成され、筋肉や酵素やホルモンなどの材料になる。食材としては肉、魚、卵、豆類、乳製品に多く含まれ、炭水化物と同時に摂取することで体たんぱく質合成が促進される。

●ビタミン

各栄養素の代謝（エネルギー生産や筋肉づくりなど）を助け、生理作用を調整する働きがある。水溶性のものは過剰に摂った分は尿として体外に排出されるので、毎日摂らないと不足しやすい。一方、脂溶性のものは脂質とともに摂ることで吸収率が向上するが、過剰に摂取した分は体内に蓄積されトラブルを引き起こすことがあるので注意が必要である。

[アミノ酸]
前掲の必須アミノ酸9種に加え、アラニン、アルギニン、グルタミン、アスパラギン酸、グルタミン酸、プロリン、システイン、チロシン、アスパラギン、グリシン、セリンという20種類が体づくりに大きな役割を担っている。

[BCAA]
私たちの筋肉組織を形成する2種類のたんぱく質「アクチン」と「ミオシン」の主成分である「ロイシン」、「イソロイシン」、「バリン」を、その分子構造から分岐鎖アミノ酸（Branched Chain Amino Acid）と呼び、頭文字からBCAAと略されている。とくに、筋肉組織を形成するための原材料が豊富に含まれているため、BCAAを補給することで効果的に筋力アップでき、また長時間のスイムなどにも筋肉組織の損傷を抑え、筋力低下を抑える働きもあり、スタミナアップにも効果があると言われている。

●ミネラル（無機質）

　骨や歯、血液といった体の構成成分であり、生理機能の調整に関与している。ミネラルは不足しても過剰に摂取しても健康に影響を及ぼす。例えば、カルシウムやリンは骨の材料であり、鉄は酸素を体のすみずみに運搬するヘモグロビンの材料である。スポーツでとくに重要なミネラルはカルシウムと鉄である。効率のよい吸収のためには、吸収率を高める栄養素とともに摂取する必要があり、組み合わせを考え、バランスのよい食事を摂ることが大切である。

●水

　水分は体の約60％を占めている。体内で栄養素を運搬したり、老廃物の排出、体温の調節、体液の濃度調節などの働きをする。とくに、スポーツ時には体温が上昇しすぎないように発汗が起こる。しかし、水分補給が不足すると脱水をきたし、運動機能が低下したり熱中症の危険性が増加したりする。

2 水分補給の基礎知識

①水の働き

　スポーツでは、発汗・脱水で熱中症にならないために水分補給が重要である。汗には水分だけでなく、ナトリウムをはじめとするミネラルも含まれる。多量に発汗した時にはナトリウムを補給せずに水分だけを補給すると、血中ナトリウム濃度が低下し、危険な状態となる。このため、いくら水分を摂取しても回復できないことがある。また発汗によって、体温の過度な上昇を防ぐことができるのだが、失われた水分を補給しないでいると脱水となり、体温調整能力や運動能力を著しく低下させてしまう。

②水分補給の目安

　表3-1は、運動時の水分補給の目安である。運動前は、普段の食事などで水分を補給しておくことに加えて、250〜500mlの水分（食塩［0.1〜0.2％］と糖分を含んだものが有効。水温は5〜15℃が望ましい）を補給するとよい。また、運動中は体重が減少しないように水分を補給するのがよく、15〜20分ごとに150〜200ml程度を目安に補給するとよい。

　なお、運動が1時間以上続く場合には4〜8％の糖質を含んだものを摂取しエネルギーを補給するとよい。スポーツドリンクは薄めずにそのまま飲むと、このような適した組成になるように作られている。また、運動後、運動前の体重に戻るように水分を補給するとよい。なお、水分の摂りすぎで食事が摂れなくなることがないように注意する必要がある。

表3-1　運動強度と水分補給の目安（出典：日本体育協会『スポーツ活動中の熱中症予防ガイドブック』）

運動の種類	運動強度		水分摂取量の目安	
	運動強度（最大強度の%）	持続時間	競技前	競技中
トラック競技、バスケットボール、サッカーなど	75〜100%	1時間以内	250〜500ml	500〜1,000ml
マラソン、野球など	50〜90%	1〜3時間		1時間あたり500〜1,000ml
ウルトラマラソントライアスロンなど	50〜70%	3時間以上		1時間あたり500〜1,000ml 必ず塩分を補給

3 栄養補給と水分補給の留意点

①時期による食事の違い

　通常の時期は、前述したように栄養素をバランスよく摂取することが理想である。しかし現実的には、常に理想の食事を摂ることは不可能に近い。そのため、食事で摂取しきれない栄養素を補完するためにサプリメントを使用して、常に栄養素のバランスをとることが望ましい。

　試合期は、炭水化物（糖質）でエネルギーを蓄え、ビタミンやミネラルでコンディショニングを図ることを意識する。具体的には、エネルギーを蓄えるために、ごはん、パスタ、シリアルなどを多く摂り、コンディションを調整するために、野菜や果物などを意識的に摂取する。

②競技会に向けたグリコーゲンローディング

　主に60分を超えるような長時間にわたる持久的運動の場合、運動前に肝臓や筋肉にグリコーゲンを多量に蓄えておくと持久力の維持に有効とされている。そこで競技会3日前からエネルギー比70%程度の高糖質食にして、筋グリコーゲンを備蓄する栄養摂取法（グリコーゲンローディング）が、マラソンやトライアスロンなどでは一般的に用いられている。OWSに出場する場合にも有効と考えられるので、競技会に向けて特別な食事制限や食事の調整を導入してみるとよい。

③競技会当日の朝食

　競技会当日の朝食は炭水化物を主に摂取し、レースの3時間前には終了するとよい。パスタやシリアルなどの消化のよいものを中心とするが、競技時間が2時間を超える10km以上のレースに出場する場合は、競技中の空腹感も想定して、お餅や赤飯などの腹持ちのよいものをあわせて摂取することもある。

④レース後の栄養・水分補給

　運動直後の糖質補給が筋グリコーゲンの回復には有効なため、できるだけレース直後に糖質摂取を行うとよい。

［レース中の栄養・水分補給］
本章4節4項を参照のこと。

COLUMN

競技中に起こりうる
トラブルへの対処法

　どんなにトラブルを想定していても、いざトラブルに巻き込まれると焦ってしまう。OWSの競技中、競技者に起こりうるトラブルとその回避方法を紹介する。

①スイミングゴーグルが外れたら……
　スタート直後や、ブイ付近では競技者同士がよいポジションを争って、身体接触が起こりうる。そのような競技者が密集する場所では、他の競技者の手や腕、足などがゴーグルに引っかかり外れてしまうことがある。
　その場合、初心者は一度、その集団から離れ、安全な場所で立ち泳ぎをしながらゴーグルをつけ直すとよい。中級者・上級者はそのまま泳ぎながら、呼吸で顔を水上に上げるタイミングなどにゴーグルの位置を修正したり、水を抜いたりすると時間的ロスを極力抑えることができる。

②スイムキャップが破れたら……
　①同様、競技者同士の接触が生じる場合で起こりうる。破損した場合に脱いだままでゴールできる場合と破損したまま被っておかなければならない場合があるため、競技会のルールに沿った対応をする必要がある。
　なお、長髪の競技者は、破れた場合のことも考慮し、事前にヘアバンドなどで髪を後ろで束ねておくとよい。

③けいれんやこむら返り、足がつったら……
　筋肉けいれんを起こした場合、まずパニックを起こさないことが大切である。安全な場所に移動し、沈まないように確実に呼吸ができるような姿勢を保つ。ふくらはぎの場合、ふくらはぎの筋肉を緊張させるように、足の親指および足首を10～20秒間上方に反らせるとよい。
　しかし、一度けいれんを起こすと、再度けいれんを起こすことが多く、まだ痛みが強い場合などは、無理をせず、近くにいるライフセーバーや

競技役員を呼び、陸上にあげてもらう判断をすることも大切である。
　なお、疲労や水分不足から発生することが多いため、日頃からこまめに水分を補給するよう習慣づけるとよい。
④耳に水が入ったら……
　ゴール後、耳に入った水を片足ジャンプで外に排出し、無理に拭きとらずに自然に乾くのを待つ。もしも鼓膜損傷等のために鼓膜に穴が開いている場合は、鼓膜に水が入ることで中耳炎等を引き起こす恐れがある。そのため、事前に耳鼻咽喉科の専門医の診断を受け、水泳の可否判断と耳栓の使用等についての助言を得るとよい。
⑤偶発的に水を飲んで咳き込んだら……
　咳き込んだり、むせたりするのは、気道に入り込もうとした水を止めるために、自律神経がのどの筋肉を収縮させることで起こる。
　河川や湖のような淡水であれば、そのまま水を飲み込んでしまうと比較的早く落ち着く。一方、海水では塩分が強く、飲み込むことができないため、沈み込まないように仰向け等の確実に呼吸ができるような姿勢を保ち、治るのを待つ。なお、咳き込みによって嘔吐が誘発されたり、その結果、吐物が気管に入り込む危険性があることも知っておくとよい。
⑥低体温になったら……
　水中にいる間は、熱の損失が続くため、どんなに激しく泳いでも体温を上げることは難しい。震え、寒気、鳥肌、唇のチアノーゼ、手足のかじかみ、指のしびれなど低体温の症状が出てきたら、無理をせず、近くにいるライフセーバーや競技役員を呼び、陸上にあげてもらう。

［チアノーゼ］
血液循環の悪化によって起こる全身の皮膚が青黒くなる疾患のこと。寒さのために手足の先などの血行が悪化して生じるものは「末梢性チアノーゼ」と呼ばれ、体を暖かくすることによって改善される。

○参考文献
・衛藤隆ほか、2006、『最新Q＆A教師のための救急法百科』大修館書店

ドーピング検査の方法と注意

SECTION 7

1 検査方法

　ドーピング検査には尿検査と血液検査があり、競技者は指定された検査を受ける。また、その競技会に参加したすべての競技者が検査を受ける可能性がある競技会検査と、多くは競技力が一定レベル以上の競技者が検査対象になる競技会外検査がある。

　検査の流れは、競技会での尿検査を例に挙げると次のようになる。まず、検査に選ばれると競技直後に検査員から検査に選ばれたことが告げられる（通告）。競技者が未成年の場合は原則成人の付添い（コーチ、チームメイトなど）を1名つける。成人の競技者の場合でも付添いを1名つけることができる。通告後は常に検査員から見える場所にいる義務があるが、表彰式への出席やクーリングダウン等は認められている。競技者はドーピング検査員から渡された書類に署名をした後、なるべく速やかに検査室へ向かい待機する。必要があれば、検査員の付添いのもと検査室から一時退出もできる。通告後に飲食するものすべてが競技者の自己責任となるので、内容の分からないものは絶対に口にしてはならない。尿意を感じたら専用のカップを自ら選び、同性の検査員と共にトイレに向かう。男性であればシャツを胸の位置までまくり上げ、ズボンは膝の辺りまで下し、排尿の様子を検査員が確認できるようにする（図3-21）。必要尿量は90ml以上（2014年1月時点）。採尿の際は、カップに取った尿を本人以外が触らないように注意する。十分な尿量が得られれば、尿を競技者自ら瓶に詰める検体作成を行う。必要な尿量が得られなければ、先に採れた尿を一時的に封印し、その後に採れた尿と合わせることができる。瓶の蓋は一度閉めると壊さない限り開かない構造になっている。また、尿比重（尿の濃さ）を計り、一定以上の濃さがなければ、追加で尿検査を行う。検体作成が問題なく終了すると、過去1週間以内に使用した医薬品・サプリメントなどを自己申告する。書類の内容に間違いが

ないことを確認して最後に再び署名をする。採取した検体は、公認検査機関でどの競技者のものか分からない状態で検査が行われる。結果は異常がなければ連絡はないが、結果を知りたい場合は（公財）日本水泳連盟事務局へ問い合わせすることもできる。また、帰りの交通機関の時間等の関係で検査を断ることは認められず、もし検査を受けないでその場を離れるとドーピング違反として扱われることになる。

血液検査でも同様に検査室へ向かい、検査員の指示に従う。また、競技会外検査でも通告以降の流れは同じである。

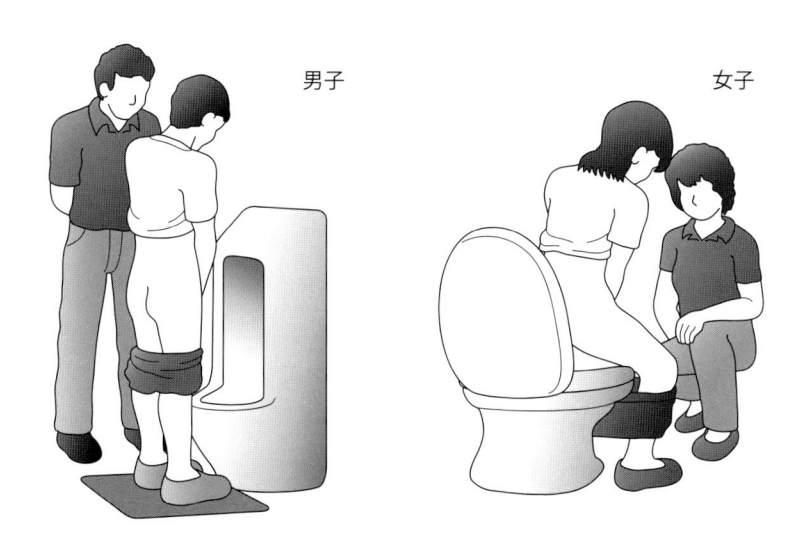

図3-21 尿検体の採取（JADAホームページより）

2 オープンウォータースイミングにおける諸注意

競技の特性上、特に炎天下でのコンディションでは脱水状態になることがある。しかし、競技終了後に短時間で多量の水分を摂ると薄い（比重が低い）尿になりやすい。尿検査では一定の濃さがないと正確な検査が行うことができないため、競技者は採尿にあたって水分の取り過ぎには注意しなければならない。

第❸章 オープンウォータースイミングの競技会に参加しよう

ブイの周辺では競技者が一気に密集して身体接触が起こりやすい。

第 4 章

オープンウォータースイミングのテクニックとトレーニング

SECTION 1. テクニックとトレーニング
SECTION 2. コーチングとコンディショニング

テクニックと
トレーニング

SECTION 1

1 オープンウォータースイミングに求められる適性

　OWSには、どのようなタイプの競技者が向いているのだろうか。国内の競技会への参加者や現在海外で活躍しているトップ選手たちの特徴から、OWSに参加する競技者には次のような特性を見出すことができる。
　①「性格が明るく、海・川・湖で泳ぐことが好きである」
　②「孤独に耐えることができる」
　③「ひとりで延々と泳ぐことに耐えられる」
　④「スピードよりも、何時間でも泳ぐことができること（持久力）に自信がある」
　⑤「人と競うことが好きである」
　⑥「800mや1,500mでは距離が短すぎて、すぐに終わってしまうと感じている」

　まず、初心者レベルであれば①の特性が求められる。そして、中級者レベルになると、①に加え、②③④、さらに、上級者ではこれらに加えて⑤⑥の特性が必要となってくる。この中でもっとも大切なことは、競技のレベルを問わず、①の「海や川・湖で泳ぐことが好きである」ということである。長時間にわたり、潮や風の影響を受け、競技者同士の身体接触を繰り返し、水中の生物とも遭遇するなど、周囲の環境の変化に対応しながら競技を続けるためには、そもそも自然の中で泳ぐことが好きでなければ泳いでいられないという心理が働く。プールでは抜群のスピードをもっていても、OWSではなかなか勝てないという競技者をしばしば見かけるのはこのためであろう（望月秀記「OWSその魅力と可能性」『スイミングマガジン』2004年2月号）。
　ところが、この競技者の適性は生涯不変なものではない。中級者や上級者の中には、初めは「海が怖い」と感じていたものの、指導者の理解や仲間の励ましを得てOWSに参加してみたら、「その魅力にとりつかれた」という例も数多く報告されている。

2 初心者のためのテクニックとトレーニング

①求められる基本的要素

　初めてOWSの競技会に出場する競技者の多くは、プールとは異なる自然条件で泳ぐこと、また足が水底につかないような深さで泳ぐことに大きな不安を抱いている。このような不安を取り除いて完泳する、あるいはOWSを楽しむためには、顔上げ平泳ぎや立ち泳ぎといった最低限のテクニックを経験豊富な指導者のもとで事前にプールや海で習得しておくこと、それにより海・川・湖での水泳に慣れておくことが必要不可欠である。

②実際のレースイメージ

　まず、初心者が出場できるレベルの競技会の多くは、陸上スタートを採用している。そのため、ここでは陸上スタートにおけるスタート時のイメージについて解説する。

〈スタート時〉

　スタートでは大勢の競技者がスタートの合図により一斉に泳ぎ出すことが多い。初心者のうちは、それを避けるように、できるだけ集団の最後尾につき、スタート時の合図でほとんどの競技者が泳ぎ出したのを見届けながら、自分のペースでゆっくりと歩いて入水する。水深が徐々に深くなってきたら、呼吸を整え、ゆっくりと泳ぎ始める。平泳ぎができる競技者は、心拍数が上がりにくい平泳ぎから泳ぎ始めるとよい。呼吸が苦しくなることなくしばらく泳ぎ続けることができたら、泳法をクロールに切り替える。コースの全部を平泳ぎで泳いでも制限時間内であれば失格にはならないが、キックによって周りの競技者に危害を及ぼさないといった配慮も競技会に出る際には必要である。クロールに切り替えたら、いつもよりも、大きなストロークを心がけ、ストロークに合わせた、ゆったりとした呼吸を行い、慌てないように注意する。もし息があがるようであれば、再び平泳ぎに戻し、クロールと平泳ぎを併用しながらゴールを目指すとよい。ひとりで泳ぐことが不安な場合は、経験者や指導者に伴泳してもらうとよい。

〈レース中〉

　息があがらないように、ゆっくりとした泳ぎに集中することが大切である。クロールで泳いでいると、泳ぐべき方向を見誤ってコースアウトしやすいので、頻繁に顔上げ平泳ぎなどを行い、進行方向を確認しながら泳ぐとよい。一定の間隔でブイが設置されている場合は、それを目標に1つずつ着実にクリアしていくこと。ヘッドアップクロールは、動

[初心者とは…]
OWSの競技会に参加経験のない者、競技会の参加経験はあるものの完泳経験がない者、プールやOWSで連続して1,500mを泳げない、もしくは泳げても息があがってしまうなど、長距離を泳ぐことになんらかの不安をもっている者を指す。初心者、中級者のレベルでは、OWSの経験や身体的、精神的な安定性の方が重要であり、タイム（スピード）にとらわれる必要はない。ここではたとえタイム（スピード）が遅くても、休まずに心拍数が低いまま安定して泳げる者は中級者と分類する。

POINT

一般的に行われているOWSのレース中に途中棄権する確率の高いポイントは、スタートしてから5分前後のところである。スタート前の極度の緊張、スタート直後のビーチラン、泳ぎ出しでのオーバーペース、周囲の競技者との身体接触、急激な体感温度（水温）の変化など、様々な要素が心拍数を急上昇させ、やがて恐怖心となり、精神的な不安から過呼吸を引き起こし途中棄権へとつながることが多い。これらを回避するには、初心者のうちはできるだけのんびりとしたペースで泳ぐこと。万が一、心拍数があがり、苦しくなったときは背浮きになり、呼吸を確保した状態で動作を止めることが大切である。

作に慣れていないと余分に体力を消耗するので注意が必要である。また、前方へ向かって顔を上げた時に水を飲むこともあるので、初心者のあいだはなるべく控えた方がよい。目標物を見失った場合は、慌てずに、周りの競技者が泳いで行く方向をヒントにしながら泳ぎ、ライフセーバーや競技役員が近くにいれば、方向を尋ねてもよい。

〈レース中のトラブル対処〉

　初心者に一番多いトラブルは心拍の急上昇によって引き起こされる過呼吸である。スタート前の極度の緊張、スタート直後のビーチラン、泳ぎ出しでのオーバーペース、周囲の競技者との身体接触、急激な体感温度（水温）の変化など、様々な要素が心拍数を急上昇させ、やがて恐怖心となる。そして、精神的な不安から過呼吸を引き起こし途中棄権につながるケースが多い。これらを回避するには、できるだけゆったりとしたペースで泳ぐことである。万が一、心拍数があがり、呼吸が苦しくなり泳ぎ続けることが困難になったときは、すぐに背浮きになるなど、呼吸を確保した状態で動作を止めることが大切である。また足がつった、水を飲んだ、といったようなトラブルが起きた場合も、慌てずに気持ちを落ち着かせ、近くにブイなどの浮力を伴うものがあれば、それにつかまって休み、ライフセーバーや周りの競技者に助けを求める。足がつり、あまりにも激しい痛みを感じる場合は勇気を出し自らリタイアを選択することも重要である。ゴーグルが外れたり、水が入ってしまったり、スイムキャップが脱げてきてしまったりした時などは、立ち泳ぎ（平泳ぎを縦方向に泳ぐような形でもよい）をして対処する。レースでは長時間水に入り続けるため、低体温症にも十分に気をつけなければならない。もしも異常に寒いと感じたら、あまり無理をせずライフセーバーを呼ぶなどして早めにアクションを起こすようにする。

〈ゴール時とゴール後〉

　自分のペースでゆっくりとゴールを目指す。陸上ゴールの場合は、水深が浅くなり立てるようになってから歩き始め、ゆっくりと砂浜に上がってゴールするとよい。これは、これまでに経験したことがないほど長い時間を泳いだ後は、陸上でふらつくことが多いためである。また、ゴール後は日陰で水分をすぐに摂り、横になるか座るなどして休息をとる。立ったまま話などをしていると、立ちくらみ、いわゆる「脳貧血」を起こすことがあるので注意しなければならない。もしも寒く感じる場合はすぐに濡れた水着を脱ぎ、早めに温かいシャワーを浴びて衣服に着替えて保温するとよい。

③プールでのトレーニング

〈フォーム作り〉

　キックを強く打ち過ぎず、ゆったりとしたストロークで、さらに、しっかりとした呼吸が確保できるクロールを習得することが、初心者にとって一番大切なことである。上半身による推進力を生かした、長距離を泳ぐためのフォームを習得できるようにドリル練習を行う。例えば、フォーム作りを目的にした「片手クロール」や「キャッチアップクロール」をはじめ、「ストレートアームクロール」（肘を伸ばすことを意識する）や「ストローク数チェック」（ストローク数を減らすことを意識する）などを中心に行うとよい。

ドリル例

●**片手クロール**

　一方の腕は前方に伸ばし、もう一方の腕のみを回して進むクロール。呼吸と反対側の腕を前方で伸ばしながら、逆の腕で水をかいて推進力を得て、前方に伸ばしている腕に体重を徐々に移動しながら呼吸動作に入る。呼吸時に、前方へ伸ばしている腕はそのままの状態で維持しておくことを心がけるとよい。

　片方の腕のみに集中（意識）することができるため、細かい腕の動作（水中や水上での動作）の確認や効率のよいストロークを習得をするた

●片手クロール　　　　　　　　　●キャッチアップクロール

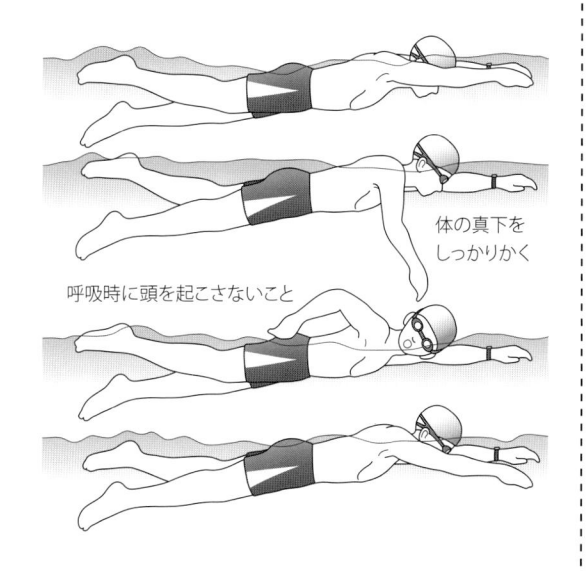

体の真下をしっかりかく

呼吸時に頭を起こさないこと

両手を頭上で揃えることが大切

図4-1　フォーム作りを目的としたドリル例

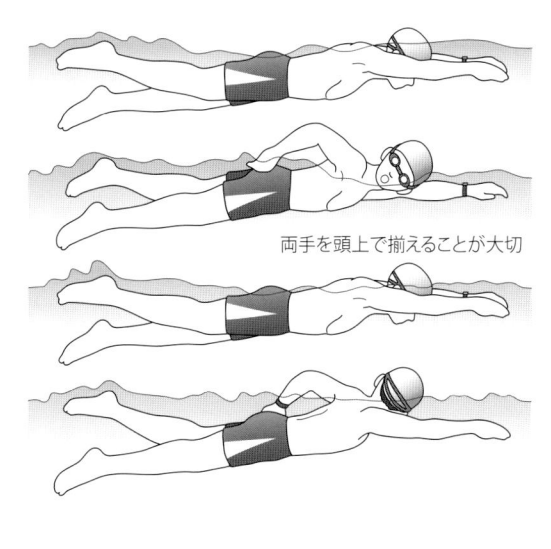

めに有効なドリルである。腕を回す際に呼吸動作を毎回入れることで呼吸を集中的にトレーニングすることができる。初心者は、ここにポイントをおいてトレーニングするとよい。

● キャッチアップクロール

　前方で腕を揃えた状態（右手と左手は肩幅くらいに開き、腕の外側のラインが肩幅とまっすぐ）を起点として、どちらか一方の腕を回したら、前方で一度両腕をしっかりと揃え、揃ったら逆の腕を同様に回して進むクロール（片手クロールを左右交互に行うイメージ）。クロールの基礎となる姿勢、タイミング、呼吸など、すべての動作を習得、または確認するために有効なドリルである。

　特にこのドリルを行うことで片手クロール同様にしっかりとした呼吸動作を習得することを目的とするとよい。たとえ呼吸時であったとしても、1かきが前に戻ってくるまで次の腕はかかないようにすることがポイントとなる。

● ストローク数チェック

　25m（または50m）あたりの腕をかく回数を数え、泳ぐ本数を重ねるたびに、序々にかき数を減らすように意識して泳ぐトレーニング。かき数を減らしていくことで1かきあたりの効率がよくなり、推進力があるゆったりとした大きなフォームを身につけることができる。片手クロールやキャッチアップクロール同様に初心者はできるだけ呼吸動作をしっかりと取り入れて行うとよい。

〈ペースを意識した泳ぎの習得〉

　初心者が、最初に目標とするは1km（1,000m）前後の距離の競技会となる。完泳するためには、一定のペースで長い距離を泳げるようになることがポイントであり、まずは短い休憩時間で短い距離を泳ぐメニュ

表4-1　初心者のためのインターバルトレーニング例

	トレーニング例
ステップ1	25m×10〜20本（10秒休憩）
ステップ2	① 50m×4〜10本（10秒休憩） ② 25m×10〜20本（10秒休憩）
ステップ3	① 100m×4〜10本（20〜10秒休憩） ② 50m×10〜20本（10〜5秒休憩）
ステップ4	10分〜30分間の連続泳（400〜1,000m程度）

※距離は徐々に増やし、レベルアップしていく。
※泳力に応じて本数を増やしたり、休憩時間を短縮するなどして
　メニューを工夫する。①②は個別でも、組み合わせて実施してもよい。

ー（例えば25m×10本など）から行う。泳速はゆっくりで構わないので、常に一定のペースで泳ぐことを意識するとよい。そして、距離や本数を序々に増やしながら泳力をつける。

次に、一定のペースで泳ぎ続ける「時間泳」のメニューを取り入れる。プールで連続して泳げる距離を確認し、心拍数が上がり過ぎないよう、5分間、10分間と徐々に泳ぐ時間を伸ばしていく。息があがってしまうのであれば、無理して泳ぐ時間を伸ばしてはならない。連続して泳げる時間が増えてきたら、1,000mなどの連続泳や100m×10本などのメニューを、一定のペースで泳ぐことができるかチェックするとよい。

〈真っ直ぐ泳ぐためにトレーニング〉

ドリル例

●クロールの両側呼吸

初心者で慣れないうちは、得意なサイド（側）での片側呼吸を行い、楽に泳げるようになることが先決であるが、できれば左右どちらでも呼吸できるようにすることが望ましい。両側呼吸のため「3かきに1回」の呼吸を行えるようにトレーニングをする。左右どちらかに曲がる癖がある競技者は、両側呼吸の練習する際に、できるだけまっすぐ泳ぐように意識するとよい。

●方向確認（クロール〜顔上げ平泳ぎ〜クロール）

泳ぎながら方向確認ができるように、まずは顔を上げたままで泳ぐ平泳ぎを習得する。顔上げ平泳ぎができるようになったら、次にクロールを主体として泳ぎながら、途中で顔を上げたままの平泳ぎに切り替えて方向確認を行い、再びクロールに戻る。焦らずにスムーズに切り替えができるようになることがポイントである。クロール〜伏し浮き（両腕両足を揃えて動きを止める）〜顔上げ平泳ぎ（方向確認）〜伏し浮き〜クロールのように、伏し浮きの動作をつなぎに入れると行いやすい。

〈トラブル対処のためのトレーニング〉

ドリル例

●立ち泳ぎ（踏み足）

水底に足がつかない場合の対策として、立ち泳ぎを習得するとよい。立ち泳ぎとは顔・頭部を水上に出した状態を維持するための泳ぎ方で、初心者の場合は、垂直に平泳ぎをするように体を動かしてもよいが、体力を奪われないように水中での体の上下動を抑えるために、足を開いて片足ずつ交互に水を踏む「踏み足」による立ち泳ぎを習得するとよい。なお、プールで練習する場合は、水深の深いプールで行うようにする。

POINT
トレーニング時の心拍数は120〜150拍/分の強度で行う。目安としてはいつでも会話ができる程度。

POINT
初心者がヘッドアップクロールを行うと、水を飲んだりする恐れがある。無理して行わないようにしよう。

1. テクニックとトレーニング　73

●基本姿勢　　　　　　　　　　　　　　●踏み足動作

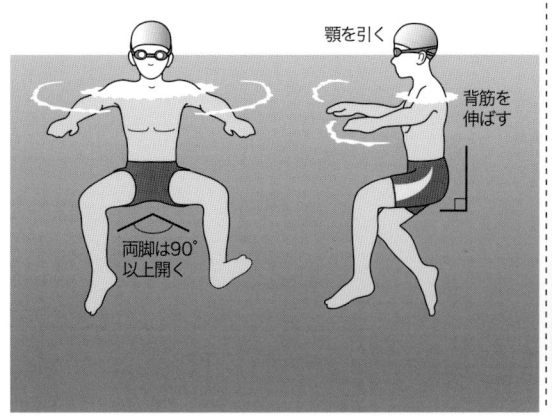

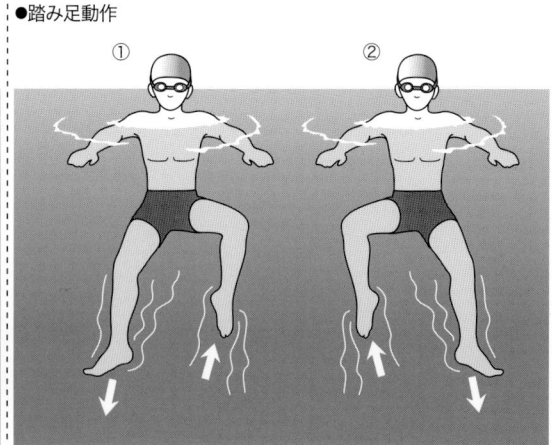

図4-2　立ち泳ぎの基本姿勢と踏み足動作

●背浮き
　仰向けで浮かぶ背浮きを習得すると、疲れた時や助けを求める時に有効である。水面に仰向け（大の字）になって、手足を動かすことなく、静かに浮遊するイメージで行うとよい。

●ボビング
　海・川・湖で泳ぐ経験が浅いと、実際のレースの際に、緊張から思ったとおりに呼吸ができないことがある。このようなことにならないために確実に水中で息を吐き出せるよう練習しておく必要がある。まずはプールなど水底に足がつく場所で、水中に顔をつけた状態で息を鼻からゆっくりと吐き、水上に顔を出した時にやや間を置いて、口から空気を吸い込む、この動作をリズムよく繰り返し行い、しっかりとした呼吸動作を身につける。

④レースを意識した海・川・湖でのトレーニング
　海で練習をする場合は、絶対にひとりでは泳いではならない。泳ぐ場合は、波のない浅瀬で、OWS経験者または経験豊富な指導者のもと、最低限の浮力を伴うOWS用の安全浮き具（p.30参照）を着用して行う。まずは、足が水底につく範囲で浜と平行に泳いでみる。初めは距離感がつかめないため、20かきや30かきなど「かき数」を決めて泳ぐとよい。慣れてきたら徐々に水深を下げていき、余裕があれば沖に向かって泳ぐ。その際は浜へ帰る際の目標物をしっかり決め、それを覚えておくことを忘れてはならない。海・川・湖でのトレーニングの目的は「プールと異なる水泳環境に慣れること」と「プールで習得したテクニックを実践す

ること」である。波、風、流れ、水深の深さ、水温の変化、水の濁りなど、OWSの水泳環境はすべてがプールと異なり、その違いを体で覚え（感じ）、慣れることは、初心者のトレーニングにとってもっとも重要なことである。

プールで習得した泳ぎやテクニックは、実際のレース環境で実践できなければ意味がない。自らのプールでのトレーニングの成果をチェックする意味においても、実際のレース環境でトレーニングを行うことは重要なことといえる。

3 中級者のためのテクニックとトレーニング

①求められる基本的要素

OWSのレースに数回出場し、競技会の雰囲気などに慣れてきた中級者にとって、完泳することの次に目標となるのは、よりよいタイムや順位で完泳することであろう。より速く、より高い順位を目標に掲げてレースに臨むには「どのようなレースコンディションでも安定したペース配分を保てること」と「プールで習得したフォームやテクニックを適宜使いこなせること」が求められる。

②実際のレースイメージ

〈スタート時〉

陸上スタートの場合は、スタートの合図で突然走り出したりせず、自分のペースで動き始めることが大切である。スタート後は、最初の目標物を見失わないように注意しながら、ヘッドアップクロールや両側呼吸などを使い、周囲の状況を把握して接触や混雑を避け、自分の泳ぐスペースを早めに確保する。

〈レース中〉

スタート後、泳ぎ慣れてくるまでは、いつもの練習での感覚よりも、若干ペースを落としながら泳ぐことが大切である。また、呼吸が安定してきたら徐々にペースを上げていくとよいが、オーバーペースには十分に注意する。余裕があれば、他の競技者の後ろを泳ぐドラフティングなどのテクニックを使い体力を温存する。方向確認はヘッドアップクロール、あるいは顔上げ平泳ぎを使い、自分がコースから外れていないかブイをしっかり視認しながら泳ぐ。ブイが見えづらい場合は陸上の大きな目標物（建物や山など）を見定めて、それを目標にしながら泳ぐとよい。周りの競技者に惑わされず、自分のペースを守って1つ1つのブイを着実にクリアしながら泳ぐことが中級者にとっては大切なことである。

[中級者とは…]
OWSの競技会に参加、完泳した経験が複数回あり、1,500m以上のOWSレースでも完泳できる泳力がある者、OWSに対する不安や恐怖心がなく、冷静に状況判断できる者を指す。
初心者・中級者レベルではOWSの経験や身体的安定性が重要であり、タイム（スピード）にはとらわれる必要はない。ここではたとえタイム（スピード）が速くても、途中で休憩を何度も入れたり、心拍数が高いままで安定しないようでは中級者とはみなさず、初心者と分類する。

POINT

- OWS競技会での入門として多い種目は800m〜1,500m。まずはこの距離を一定のペースで泳ぎきることを目指して練習しよう。
- 悪いフォームや間違ったフォームで泳がないように心がけよう。
- 自分に見合う練習量や練習回数を計画的に実施していこう。
- 経験者や指導者に意見をたくさんもらおう。
- 水深の深さに慣れておこう。
- 正しい呼吸法を身につけよう。
- 心配な競技者は指導者や経験者に伴泳してもらおう。競技会によっては失格となるため、事前に確認しておこう。

〈レース中のトラブル対処〉
　トラブルが起きた場合は、まず背浮きになり、手足の動作を止めて、ゆっくり呼吸を整える。近くにブイなどがあればつかまり、自分で対処できるトラブルならば自分で対処する。過呼吸、低体温症、ゴーグルなどの道具の破損など、自分で対処できないトラブルが起こった場合は勇気を持ってリタイアを選択することも大切である。その場合は立ち泳ぎなどを行い、ライフセーバーに向かって手を大きく振って助けを求め、自分の状態を言葉で説明して救助を要請する。

〈ゴール時とゴール後〉
　ヘッドアップクロールまたは顔上げ平泳ぎで、しっかりと方向確認をしながらゴールを目指す。陸上ゴールの場合は、後方からの波に気をつけながら、ストローク中の手の指先が水底に触れるほどの水深になったらゆっくりと立ち上がり、慌てずにゴールすることが基本である。泳いでいる姿勢から突然立ち上がり走ってゴールをしようとすると、ふらついて転ぶなどして怪我をすることが多いためである。

　ゴール後は、しっかり休憩をとるように心がける。炎天下の中でのOWS競技ではレース中に思いのほか水分が奪われている。ゴールした後に水分を摂らないでいると、具合が悪くなることがあり、競技会に慣れてきた中級者に、このようなトラブルが特に多い。

③プールでのトレーニング
〈フォーム作り〉
　初心者に比べて、少し難易度の高いドリルを行う。例えば、大きな泳ぎ、正しいフォームを身につけるために「キャッチアップクロール」「片手クロール」「ストレートアーム」「体側片手クロール」「静止動作を入れるクロール」「ドルフィンクロール」などを行うとよい。

　タイム（スピード）を上げたい競技者はテンポ（クロールの腕の回転の速さ）に注意した泳ぎを心がける。ストロークのリカバリーで力を抜き、呼吸が楽に行えるような泳ぎを意識する。また、左右のバランスを意識して、両側呼吸も行えるよう練習するとよい。さらに、悪いフォームは故障の原因にもなるため、フォームに悪い癖をつけないように、フォーム作りの練習を欠かさず行う。大きな泳ぎを心がけ、ドリル練習を常にトレーニングに組み込むとよい。

〈ドリル例〉

●体側片手クロール①
　右呼吸の場合、左腕は体側につけ力を抜き、右手のみで片手クロー

ルを行う。呼吸を腕の回しに合わせて右側で行うが、タイミングがずれるとうまく呼吸できないので気をつける。また右手が入水したら腕を前方で伸ばし、バランスを取りながら次のかきを行う。

●体側片手クロール②

　右呼吸の場合、右腕は体側につけ力を抜き、左手のみで片手クロールを行う。左手が入水したら、右側で呼吸を始め、体幹をしっかりとさせて左手が落ちないようバランスに気をつけながら次のかきを行うクロール。①に比べて難しい。

●ドルフィンクロール

　クロールの腕の動きに、キックはドルフィンキック（両足同時に打つ）で行うクロール。1かきごとの入水のタイミングにキックを合わせて打つ（右手の入水時にキック、左手の入水時にキックという要領）。最初はタイミングを外さないように一定のリズム心がけ、序々に伸びのあるストロークにしていく。2ビートクロール習得にもつながるドリルである。

●体側の片手クロール①　　●体側の片手クロール②　　●ドルフィンクロール

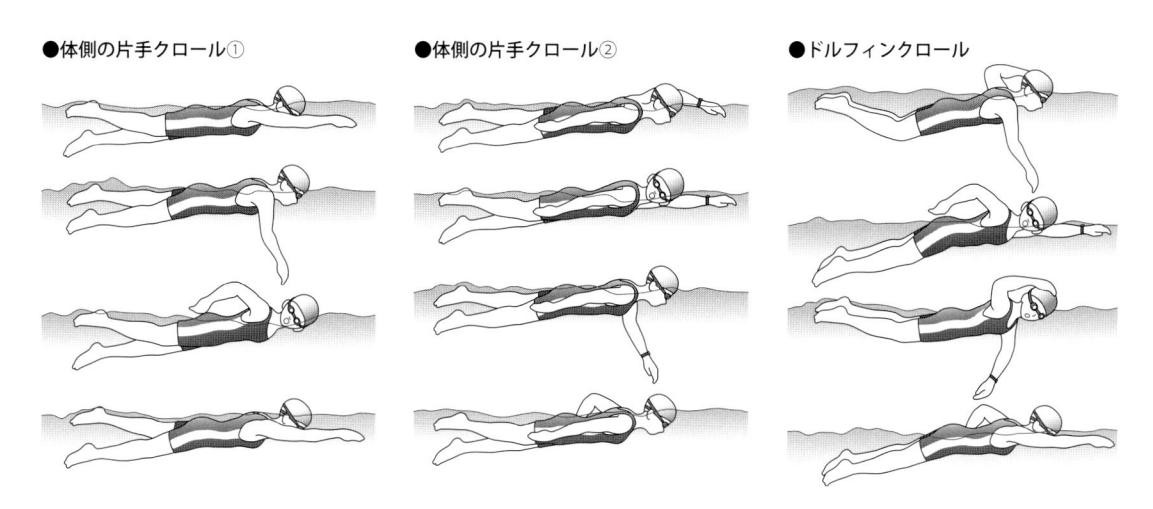

図4-4　大きな泳ぎ、正しいフォームの習得を目的としたドリル例

〈ペースを意識した泳ぎの習得〉

　一定以上の距離（2,000m以上）を泳ぐ練習をコンスタントに行い、体力アップを図る。心拍数が1分間に120～150拍程度で、できるだけ長い時間泳げる泳力をつける。インターバルトレーニングは休憩時間を5秒や10秒程度と短く設定し、最後までタイムを落とさずに、できるだけ本数を多く泳ぐことを目標にするとよい。この短いサークルで安定し

1. テクニックとトレーニング　77

POINT

- 中級者としては、まずプールで1,500mを30分以内で泳ぐことを目標にしよう。
- この目標をクリアできら、次にプールで3,000mを60分以内で泳ぐことを目指そう。
- 中級から上級へステップアップする基準として、1,500mを22分30秒以内（100mを1分30秒平均）で泳ぎ切ることを目安にしよう。
- どのようなコンディションの海・川・湖でも泳げる力と経験を身につけよう。
- 初心者への配慮など、周囲の判断も余裕をもって行えるようにしよう。

て泳ぐインターバルトレーニングを行うと、心肺機能が向上する。呼吸制限をトレーニングに用いると、より効果的である。

表4-2　中級者のためのインターバルトレーニング例

	トレーニング例	
ステップ1	① 50m×10本	10秒休憩、あるいは1分10秒サークルなど
	② 100m×10本	15秒休憩、あるいは2分10秒サークルなど
ステップ2	① 100m×5〜10本	15秒〜5秒休憩、あるいは2分10秒サークルなど
	② 200m×3〜5本	30秒〜10秒休憩、あるいは4分30秒〜4分サークルなど
ステップ3	① 100m×10〜20本	15秒〜5秒休憩、あるいは2分〜2分30秒サークルなど
	② 200m×5〜10本	20秒〜10秒休憩、あるいは4分20秒〜4分サークルなど
ステップ4	30分間泳、または1,500mの連続泳、またそれ以上	

※距離は徐々に増やし、レベルアップしていく。
※泳力に応じて本数を増やしたり、休憩時間を短縮するなどしてメニューを工夫する。
　①②は個別でも組み合わせて実施してもよい。組み合わせる場合は、1本あたりの距離が長いセットから始めるとトレーニングに集中しやすい。
※心拍数は120〜150拍/分の強度で行う。
※連続泳は30分間、または1,500m程度まで徐々に距離をのばしてレベルアップしていく。完泳できたら、時間泳の場合は距離を、1,500m連続泳の場合はタイムを必ず確認して記録しておくこと。
※あくまで上記はメイン練習の例である。ウォーミングアップ→ドリル練習→フォーミング練習→メイン練習→クーリングダウンの順で行うと効果的である。また、メイン練習はバリエーションを考えて、個々のレベルに合わせた距離や本数、休憩時間、サークルタイムを設定することがポイントとなる。ステップ1から4まで、段階を追って行っていくことも大切だが、ステップ1から4を日々変更し、繰り返して行っていくことも効果がある。

〈真っ直ぐ泳ぐトレーニング〉

ドリル例

●ヘッドアップクロール

　方向確認をする際に使う、顔を上げて泳ぐクロールのテクニックを習得する。背筋と片方の腕で水を押さえつける力を利用し、一瞬で上体をあげ、顎を前に出すようにして、顔は必要以上に高く上げないようにする。あくまでも前方を確認するため行うもので呼吸動作ではない。ヘッドアップクロール時に息を吸おうとすると、水を飲み込む可能性があるので注意する（p.49、図3-15 参照）。

〈トラブル対処のためのトレーニング〉

ドリル例

●立ち泳ぎ（巻き足）

　膝を中心に、左右の足を交互に内側に回転させる要領で行う。両膝を腰の高さまで持ち上げて、膝を中心に下腿を回転させる（図4-5）。内側に回す時に足首を伸ばして足の裏で水を押さえ、外側に回すときに足

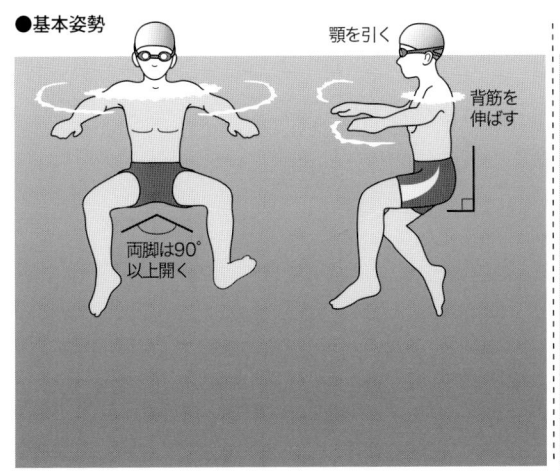

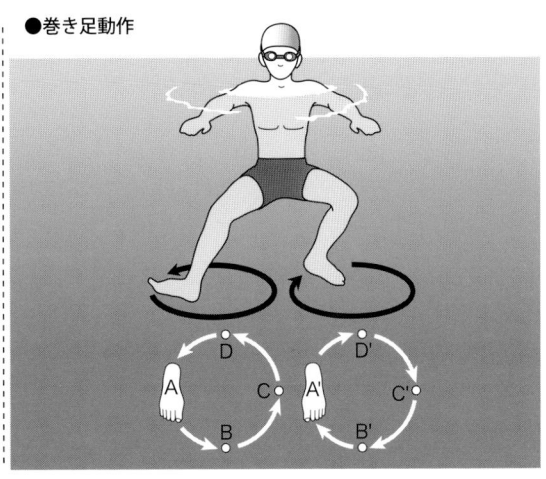

図4-5 立ち泳ぎの基本姿勢と巻き足動作

首を曲げて足の裏で水を抑えるようにする。10秒以上、水面上に顔を出せるように練習する。

④レースを意識した海・川・湖でのトレーニング

　中級者であれば、海で練習する場合は最初から沖に向かって泳ぎ始めても構わないが、距離感がつかめないため、安全を考え、ある程度まで沖に出たら浜と並行に泳ぐとよい。ブイなどを打って周回（往復）練習を行う場合は、折り返すたびに「次は4回に1回の左呼吸で」とか「次はヘッドアップで」といったように、いろいろなバリエーションを取り入れるとよい。また、時計を見ながら10分間や30分間などと時間を決めて泳ぐ、時間泳などもよい。具体的な練習項目としては、ヘッドアップクロール、立ち泳ぎ、ブイターン（ブイを回る技術）、ドラフティングなどが挙げられるが、どのようなコンディションでも対応できるように、さまざまな場面を想定してトレーニングを行うことが重要である。なお、初心者と同様、海・川・湖で練習する場合は、絶対にひとりで行わず、最低限の浮力を伴うOWS用安全装具や保温効果のあるOWS用のウエットスーツなどを着用することでより安全にトレーニングをすることができる。

4 上級者のためのテクニックとトレーニング

①求められる基本的要素

　より速く、より高い順位で泳ぎ切ることを目標にしてきた競技者が次に目指すことは、戦略を持ってレースに臨み、上位に入賞することである。

　OWSでは、レース会場の地形や水の流れ、そしてコースレイアウトが競技会ごとに千差万別であり、また参加する競技者のレベルや人数もさ

［上級者とは…］
OWSの競技会に参加・完泳した経験が豊富にあり、上位入賞をねらうためのレース展開ができる者、10km以上のレースでも完泳できる泳力を持つ者、海・川・湖の状況に対応したレースができる者を指す。

まざまである。さらに、水温や波の高さ、風向などのレースコンディションは当日になって急変することもある。これまでに習得してきたフォーム、スピード、テクニックを抱合した自分の武器（能力）がたとえ十分なものであったとしても、それだけで上位に食い込むことは難しい。そのため、上級者にはレース環境に合わせた戦略を描く能力、時には実際のレースに応じて自らの戦略を随時変更していく能力が求められる。これらが他の水泳競技にはないOWSの醍醐味である。

②実際のレースイメージ
〈スタート時〉
　OWSで上位入賞を目指すには、おおよその先頭集団が決まってくるスタートから1kmまでをうまく乗り切ることが最初の関門となる（陸上競技のマラソンと同様に、この時点で先頭集団ではなく第2集団に位置してしまうと、終盤での上位争いに加わることは非常に難しくなる）。そのため、上級者はスタート前に、集団の最前列に位置どりして、最初のブイまで最短距離で到達しやすい場所を確保することが大切である。そしてスタートしたら、キックを多めに打ちながら集団の前に泳ぎ出て、泳ぎのスピードが安定してきたら、上半身中心の泳ぎに切り替えるとよい。

　陸上スタートの場合は、スタートと同時に走り出し、大腿部くらいの水深になったらウェーディングで入水し、水深が腰の深さの高さになるまでドルフィニングを続けて行う。その後、水深が腰の高さより深くなってきたら泳ぎ始める。

　なお、スタート後しばらくはポジション争いとなり、他の競技者と激しくぶつかることも多くある。しかし、過度に感情的にならず、常に自分自身を見失わないように心がけることが大切であり、冷静な中でもスタート後の第1ブイは必ず先頭集団で回れるようにする必要がある。

〈レース中〉
　ヘッドアップクロールで正確な方向確認をすばやく行いながら、最短距離のコースどりを意識しながら泳ぐ。トップ集団が形成されていれば、うまくその集団に加わってドラフティングを駆使しながら体力の温存を図る。他の競技者に惑わされないように泳ぐとともに、様子を見て他の競技者に揺さぶりをかけてもよい。ゴール前の数百mでラストスパートを仕掛けることができるように、常に体力の温存とペース配分を意識しながら泳ぐことが求められる。また次のブイの折返し方向を考えた位置どりをするなど、常にコースの全体像をイメージし、集団の中での自分のポジションと照らし合わせ、思い通りの展開になるように戦略を考えながら泳ぐことが大切である。

〈レース中のトラブル対処〉

　どのようなトラブルが起きても自分自身で対処できるように、普段からあらゆる状況を想定しておくとよい。例えば「足がつってしまった場合は、つった部分を伸ばした状態で、キックを打たずに、もしくはキックの回数を減らし回復を待ってみる」といった対処が求められる。

〈ゴール時とゴール後〉

　OWSでは、レース中から他の競技者とずっと競い合ったまま、ゴールに向かうケースが少なくない。そのため、ただスパートをかけるのではなく、競い合いの中で自分の泳いでいるポジションを意図的に少し変更し、相手に不安を抱かせながら、機を見て正しいポジションに戻してスパートをかけてみるのもよいであろう。レース中からフィニッシュの場面を想定して、相手の様子を見ながらスパートをかけるタイミングを冷静に判断できるとよい。

　また、いよいよゴールが目の前に見えたとき、立ち上がるタイミングも勝負を左右する。波打ち際で上手く波のタイミングがつかめた場合はボディーサフィンを利用し波に乗ってゴールに向かう。反対に波がない場合は、スタート時同様にドルフィニングを用い、適度な水深に達したらウエーディングを用い走ってゴールをする。なお、ゴール後はできるだけ早く水分を多めに摂り、ストレッチングを行うといった体のメンテナンスを意識した行動をとることも大切である。

③プールでのトレーニング

〈フォーム作り〉

　速いテンポでリズミカルに泳ぐことを心がける。波に負けないような力強くワイルドなフォームが理想で、リカバリーの際は腕をやや外側から前にもってくるのが有効である。また楽に速く長く泳ぐためには、重心移動を意識し、ボディーバランスをよくするとよい。そのために、クロール以外の3種目の練習も取り入れるとよい。そして実戦を考えて、例えば「片手ヘッドアップクロール」や「1／3呼吸ヘッドアップクロール」といったより確実で無駄のないヘッドアップクロールを身につけておくことも必要である。

ドリル例

●片手ヘッドアップクロール

　力ではなくタイミングでヘッドアップができるようにすることを目的にしたドリル。右呼吸の場合、左腕は体側につけて力を抜き、右手のみでのクロールを行う。ストロークごとに、キャッチに合わせてヘッドアップを行い、そのまま通常の呼吸動作を行う。

● 1/3呼吸ヘッドアップクロール

　レース中の視野を広げることを目的にしたドリル。ヘッドアップをした状態で3ストロークごとに1回呼吸を入れるクロールを行う。左右同じリズムで呼吸動作ができるように練習をする。

〈泳距離を意識したトレーニング〉

　OWSのレースでは、長時間・長距離をオールアウト（全力で限界まで追い込んで泳ぐ）しなければならないため、練習量（泳距離）は必然的に多くなる。そのため上級者にはトータルの泳距離が伸びても間延びしない練習メニューと、上級者としての自覚をもった練習への取り組み姿勢が必要となる。

〈スタート時・ラストスパート時を意識したスピード練習〉

　実際のレースではスタートで勢いよく飛び出し、いかにはじめから先頭集団でいられるかが鍵となる。そのため、スタート時のスピードは不可欠であり、毎回のトレーニングにはスピード練習を必ず取り入れなければならない。

ドリル例 ....

　25m×4～8本、フローティングスタートからのヘッドアップクロールでの全力泳（ダッシュ）など。

〈レーススピードを意識したインターバルトレーニング〉

　上級者のインターバルトレーニングでは、「レーススピードを100％としたら、この練習では何％」というように、体でスピードを覚えることや、練習

表4-3　上級者のためのインターバルトレーニング例

	トレーニング例
ステップ1	① 50m×4～40本　（40秒～1分サークル）
	② 100m×4～20本　（1分10秒～1分30秒サークル）
	③ 200m×3～10本　（2分20秒～3分サークル）
ステップ2	ステップ1にプラスして、25m×8本、あるいは50m×8本
	（Hard-Easy、Easy-Hardとスピードバリエーション）
ステップ3	移行（鍛錬）期には400m×10本（5分サークル）、
	あるいは100m×30本（1分20秒サークル）
ステップ4	30分間泳、または1,500m、あるいは3,000m連続泳

※距離は徐々に増やし、レベルアップしていく。
※泳力に応じて本数を増やしたり、休憩時間を短縮するなどしてメニューを工夫する。
　①②③は個別でも組み合わせて実施してもよい。組み合わせる場合は、1本あたりの距離が長いセットから始めるとトレーニングに集中しやすい。
※心拍数をチェックし、タイムと心拍数を一定にさせる。
※連続泳はできるだけレーススピードに近い状態、あるいは徐々にペースを上げていく（ビルドアップ）。

目的に合った心拍数を意識することが求められる。そのため、距離もサークルもバリエーションに富んだ内容となる。

徐々にスピードを上げ、トップスピードで連続泳を行うことも必要となる。スピードに強弱をつけるイージー・ハード、1本ごとにスピードをアップしていくディセンディング、1本の中でスピードをアップしていくビルドアップなどのトレーニングをメニューに組み込むと効果がある。また、キックも意識的に強く打つスピード練習なども多く取り入れるとよい。

〈すばやく正確なヘッドアップクロールの習得〉

ヘッドアップクロールは背筋に負担をかけるため、あまり多用すると疲労が蓄積する。そのため、できるだけ少ない回数のヘッドアップクロールで方向確認が済むように、1回ごとの精度を高めたり、まっすぐ泳ぐ技術を高める必要がある。また上級者はヘッドアップ直後に顔を横にすることで、同一ストローク内で効率よく呼吸を行うことも身につけるとよい。

④レースを意識した海・川・湖でのトレーニング

上級者は、より実戦に近いトレーニングを繰り返し練習することが大切である。

近年、競泳選手がOWSレースに出場するケースが見受けられるが、絶対的な泳力があったとしても、OWSレース前には実際に海で泳ぐ経験を積んだ方がよい。OWSならではの波や潮の流れを上手く利用した自然の力に必要以上に反発をしない泳ぎが求められたり、数名の競技者同士が接近して泳ぐ身体接触を経験しておくことなども重要である。さらに可能であれば、出場する距離と同じ距離を海で泳いでおくことが望ましい。ブイの確認方法（ブイの先の景色を見る）や波のある状況での泳ぎに慣れておかなければ、実戦で大きくコースアウトする可能性がある。常にレースをイメージしながら実際に海で泳いで練習する機会を設けることが重要である。

⑤陸上でのトレーニング

故障を防ぐためにも陸上トレーニングは定期的に行い、特に肩と体幹の強化を中心に軽い負荷で回数を多く行うとよい。レースの泳距離が長いため、レース中のストローク数は必然的に競泳の百倍以上にもなる。そのため、肩にかかる負担は大きく、肩の強化は必須である。また、レース中に波によって体をぶらされることのないよう、体幹を強化する必要がある。

POINT

- レーススピードを練習中に常に意識しよう。また、レーススピードを100％として、「どの練習（セット）では何％」と体でスピードを覚えるようにしてみよう。
- 故障に強い強靭な体を作るためにも、水中・陸上とも定期的に練習を行うことを心がけよう。特に上半身の強化に努めることが大切である。
- OWSは長時間・長距離をオールアウトしなければならないため、練習量を常に多く行うことを意識しよう。
- 長時間、戦い抜くための強いメンタルを身につけよう。
- 経験を積むために、できるだけ海・川・湖で練習したり、レースに参加しよう。

[トップ選手とは…]
国際大会OWS日本代表選手およびOWS日本代表候補選手、OWSジャパンオープン（OWSの日本選手権）10km出場適格者および出場を目標としている者を指す。

5 トップ選手のためのテクニックとトレーニング

①求められる基本的要素

　求められる基本的要素は上級者とおおよそ同じである。そこで、ここでは、オリンピックや世界水泳選手権大会などの主要な国際大会、および日本水泳連盟OWS競技規則に則った競技会に出場するトップ選手を対象に、上級者と異なる部分のみを記載する。

　今日のOWSでは、オリンピックディスタンスの10kmがメイン種目であるため、トップ選手には少なくとも10kmをより速く泳ぎ切るスピードが求められる。10km以上のレースではコースに給水エリアが設けられているが、混雑した中で確実に給水を行うテクニックやタイミングも重要な戦術の1つであり、トップ選手にとっては給水も勝利をつかむ鍵となる。スタート時やブイ周りは混雑し、自分の泳ぎを維持することが難しい。混雑した中でいかに体力を温存しながら泳ぎ続けられるか、集団内での泳ぎ方やテクニックなども求められる。

②実際のレースイメージ

〈スタート時〉

　スタートには固定された壇上（ポンツーン）からスタートする方式と、水中（フローティング）からスタートする方式があるが、近年ではポンツーンスタートが一般的となっている（図4-6）。そのため、トップ選手はこの方式にも慣れておく必要がある。いずれの方式であっても、浮き上った際に他の選手よりも前にいた方が有利である。そのため、スタートと同時にキックを打ち、浮き上がりから先頭に位置することのできるようにする。レースを有利に進めるには、スタート後から第1ブイを回るまでは全選手が全力泳（ダッシュ）をするため激戦となるが、その中でも冷静に泳ぎ、第1ブイは必ず先頭集団で回れるようにする必要がある。

図4-6　ポンツーンからの飛び込みスタート

〈レース中のトラブル対処〉

　レース中に他の選手との接触により、ゴーグルが取れたり破損してしまうことがある。10 km以上のレースでは給水エリアでコーチから予備のゴーグルを受け取ることができるため、給水エリアにいるコーチに予備のゴーグルを事前に渡しておくとよい。

　また、チップ計測の場合、手首に装着したタイムチップが外れたままゴールすると失格扱いとなる。そのため、レース前のタイムチップの装着時に、チップのバンド部分をビニールテープを用いて固定したりして、外れないように工夫しておくとよい。さらに、給水エリアで給水し損ねた場合に備えて水着の間にゼリー状の栄養補給食品（エネルギージェル）を入れておくと、臨機応変に対処できる。

　このように、想定しうるトラブルすべてについて事前に対処方法を考え、レースに臨むことが重要である。

図4-7　給水竿

〈給水〉

　10 km以上のレースでは、給水エリアが設置されている。給水は一般的に給水竿を用いて行われ、給水竿は各自で準備する。竿の先端には飲み物を入れることのできるドリンクホルダーを括り付けている物が多く、競技規則で竿の長さは5 m以内と決められている（図4-7）。選手は飲み物を受け取ったら背泳ぎをしながら、口からこぼさずにしっかりと給水を行うことが重要である。給水エリアは多くの選手が殺到して大変混雑するため、実際に給水を行うコーチと選手による事前の給水練習が必須である（図4-8）。

図4-8　選手が殺到する給水エリア
（提供：フォート・キシモト）

［レース後の水分補給］
ドーピング検査に選ばれた場合は「3章7節．ドーピング検査の方法と注意」を参照ください。

〈ゴール時とゴール後〉

　国際的なレースでは、ゴールにタッチ板を用いることが多く、タッチ板にタッチしないとゴールとして認められない。そのため、ゴール間際の混戦の中で確実にタッチすることも頭に入れ、ゴールに向かってラストスパートをかける必要がある（図4-9）。

　なお、ゴール後はドーピング検査に選ばれた場合を除いて、できるだけ早く水分を多めに摂り、可能であれば体をアイシングする。トップ選手が出場するレースは体への負担が大きいため、より一層体へのメンテナンスが重要となってくる。

図4-9　コンマ数秒の差でゴールする選手たち
（提供：フォート・キシモト）

1.テクニックとトレーニング　85

③プールでのトレーニング

　トップ選手では、波に負けないようにリカバリーの際は腕をやや外側から前に持ってくるワイルドリカバリーが有効とされている。ただし、オリンピックや世界水泳選手権大会などの主要な国際大会では、他の選手に腕が当たると妨害行為とみなされ反則を取られることがあるので注意しなければならない。

　また、10kmのレースに出場するのであれば10kmストレート練習（休まず泳ぎ続ける練習）を、25kmであれば25kmのストレート練習をプールで行う必要がある。その際、どのタイミングで給水を行うかを事前に決めておき、給水の際に、その摂取量と心拍数を測定しておくとよい。レースと同じ距離を泳ぐことで距離に対する不安を払拭するとともに、データをとり、分析することでレース前に戦略を練ることができる。

　さらに、近年のOWSにおけるゴールは0コンマの争いとなるため、スピード練習は必要不可欠である。練習の最後にキックを強く打つスピー練習などを取り入れるとよい。

6 プールでできるレベルアップ・トレーニング

①プールを海・川・湖の水泳環境に近づける方法

　実際にOWSが行われる海・川・湖は、一般のプールとは多くの面で水泳環境が大きく異なる。そのため、OWSでは競泳で求められるスイムテクニックのほかに、ヘッドアップクロールやドルフィニング、水中スタート、ブイターン、また、混雑した中を泳ぎ抜けることを想定した練習も必要である。

　これらOWSで求められる特有なテクニックのレベルアップを図るには、継続的に海・川・湖で練習を行うことがもっとも望ましい。しかし、ほとんどの競技者にとって、頻繁にそのような環境で練習を行うことは非常に難しい。そこで、プールをOWSの水泳環境に近づける工夫をして、プールでOWS特有のテクニックレベルを図るとよい。次の表は海・川・湖とプールの水泳環境の比較と、プールを海・川・湖の環境を近づけるための工夫法をまとめたものである。両者の違いを確認し、表に示したように練習を工夫することで、プールでも効果的なトレーニングができる。

②シミュレーショントレーニング

　実際のレースでは、コースロープも水底のラインもない。競技者は自分自身で方向確認しなくてはならない。そこで、実際にコースロープを取り外し、水底のラインとは関係ない状態で、競技者自身が方向確認しなが

表4-4　海・川・湖とプールとの水泳環境の比較、プールでの練習の工夫

	海・川・湖	プール	プールでの練習の工夫
ターン	ない	ある	☆長水路（50m）プールで練習する
水深	変化する 深い	一定 足が着く（場所による）	☆水深の深いプールで練習する
波・流れ	ある	ない	☆コースロープを外して波消し効果をなくす ☆波の起きやすい端のコースで練習する
水温	変化する 冷たいことが多い	一定 温かい	☆屋外プールで練習する ☆水温の低い時期に屋外プールで練習する
透明度	低いこともある	高い	☆曇ったゴーグルを着用して練習する ☆照明を暗くして練習する

ら泳ぐテクニックを身につけるトレーニングを行うとよい。具体的には次に示すとおりである。

トレーニング例

●**フローティングスタート＋ヘッドアップクロール**

5mライン付近に数名がランダムに並びスカーリングなどを使い浮かんだ状態で静止。数秒後、合図とともに一斉にスタート、ヘッドアップクロールを使い全力泳（ダッシュ）。

●**イルカ跳び＋ヘッドアップクロール**

12.5m付近までイルカ跳び、以降ヘッドアップクロールで全力泳（ダッシュ）。

●**ヘッドアップスカーリング＋スイム**

12.5m付近まで顔を上げた状態でスカーリングとバタ足で進み、以降クロールで全力泳（ダッシュ）。スカーリング時はゴーグルを外し（おでこに装着した状態）、12.5m付近に到達した時点で水底に足をつかずにゴーグルを素早く目に装着して泳ぎ出すようにすると、危険回避の練習にもつながる。

●**途中ターン**

クロールの全力泳（ダッシュ）でスタートし、ホイッスル等の合図で足を水底につけることなくすばやくターンし逆方向に泳ぐ。合図のタイミングを不規則に数回繰り返すことですばやい体の反応が身につく。

●**ヘッドアップクロール〜潜水〜ヘッドアップクロール**

プール中央付近にコースロープを横に2本（ロープ間隔は2m程度）を設置。ヘッドアップクロールでロープ手前まで泳ぎ、2本のロープ間は潜水して2本目のロープをクリアしたら、水面に上昇し、再びヘッドアップク

ロールで全力泳（ダッシュ）。潜水する際は必ず腕を前で揃えた状態で行い、潜水時はドルフィンキックを使う。大きな崩れた波をクリアすることを想定した練習である。

●集団練習

1つのコース内に競技者が5～6名ほど入り、スタートの合図で一斉に泳ぎ出しすばやく先頭に出る。または、すばやく安全な場所を確保して泳ぐことを身につけるのにも役立つ。

●コースロープを斜めに張りインターバルトレーニング

コースロープを1コース分ずらし斜めに張ることで水底のラインをあてにできなくなり、周りの状況を判断しながらまっすぐに泳ぐことを身につけられる。

●目標物確認インターバルトレーニング

カラーコーンをプールサイドに設置し、インターバルトレーニング中にプール中央付近で必ずヘッドアップを入れカラーコーンを確認する。カラーコーンが確認できるまではヘッドアップを続ける。指導者が都度カラーコーンの位置を変更したり、色違いのものを増やしたり、あえて見えにくい位置におくなどの工夫をすることで、確実に方向を確認できるヘッドアップスイムを身につけられる。

●トライアングルコース、またはスクエアコース

プールにブイまたは目標物を三角形、四角形、または台形になるように配置し、どちらか一方からスタートし、それぞれのブイの外側を周回することでブイターンの技術を身につけられる。何名かのグループごとにスタートし、人数が多い場合には5秒おきにスタートさせてそれぞれのグループごとに競わせることもできる。

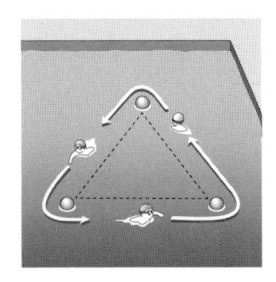

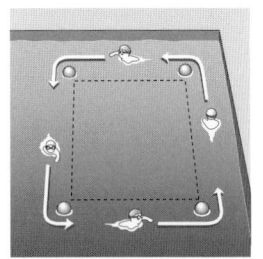

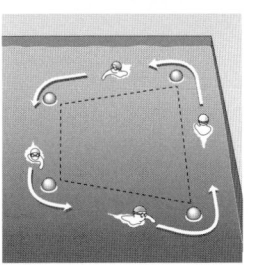

図4-10 ブイを設置したコース練習（三角形、四角形、台形）

7 トレーニングプログラムの作成

①トレーニングの期分けと目標設定

トレーニングプログラムをデザインする時には、もっとも大切な競技会をゴールとし、それに向けて体力レベルをピークにもっていくようにトレーニング期間をいくつかの期間に分けて、その期間ごとにトレーニングの質（内容）と量（強度、時間、頻度）を調整すること（期分け：ピリオダイゼーション）がまず必要となってくる。この期分けは、一般には、技術の確認をし、トレーニング期に入るための準備を行う「準備期」、高い強度のトレーニングに耐えられる体づくりを行う「基礎持久力期」、トレーニング量を増やす「持久力期」、質や内容を重視し、疲労状態でのスピードの耐久性を作る「スピード期」、徐々にトレーニングの質を落とし、疲労を回復

させる「テーパー期」の5つのステージに分けることができる。

　例えば、競技会までに1ヵ月ほどしかない（短期間）場合、「準備期・基礎持久力期」に1週間、泳ぎ込みを行う「持久力期」に2週間、「スピード期」に1週間弱を当てて、数日間を「テーパー期」にあてることになる。また、4ヵ月ほどある（中間期）場合、それぞれ「準備期・基礎持久力期」に4週間、「持久力期」に8週間、「テーパー期」に4週間となる。そして、10ヵ月ほど（長期間）準備できる場合、「準備期・基礎持久力期」に時間をかけ2ヵ月、「持久力期」でしっかり泳ぎ込み28週間（7ヵ月）、「スピード期」に1ヵ月という配分になる。長距離選手であれば、一般的に「テーパー期」における調整期間というのは短めである。なかにはレース直前まで「スピード期」で追い込む選手も少なくない。

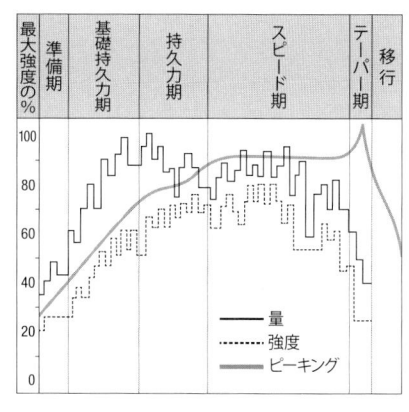

図4-11　トレーニングの期分け

　次に、それぞれの期間におけるトレーニングのポイントを解説する。

〈準備期・基礎持久力期でのポイント〉

　準備期までのブランク（泳いでいない期間）が長ければ長いほど、準備期・基礎持久力期は時間をかけて体を作りあげていくとよい。時間をかけずに持久力期に移ると、急激なトレーニングで体を故障する恐れがあるためである。この期間はあくまでも準備期間なので、焦らずにフォームを作り、次に続く持久力期におけるトレーニングの目標などを定めるとよいであろう。

　準備期はトレーニングを開始して間もない時期なので、練習回数、練習距離を少しずつ増やしていき、ペースなどはあまり考えずに気持ちよく泳げるように体を慣らしておくとよい。肩を痛めやすい泳者はこの期間に補強目的の陸上トレーニングも行うとよいだろう。

　また、基礎持久力期は次の持久力期に向けて、高いトレーニングに耐えられる体づくりの準備と心の準備をしっかりと行うよう心がける。基礎持久力期・持久力期で、ベースを作らなければ、長距離のストレート練習（例：3,000m×1本、10,000m×1本）などを行うことができないため、OWSにとっては非常に重要な期間となる。

〈持久力期でのポイント〉

　競技会までの期間が長ければ、この持久力期でのトレーニング期間も長くなる。この持久力期はいわゆる「泳ぎ込み」の期間であり、貯金を作るための大事な期間である。この持久力期を長くとることができるの

ならば、ただ単に泳ぎ込むだけでなく、その期間中にメリハリをつけて、トレーニングをしながら距離の短いOWSの競技会に出場したり、プールでの競技会にエントリーするなどして、自分の力を試してもよいだろう。

また、この期間の練習では、泳距離が長くなるため、故障にも気をつけ、ストレッチングや柔軟体操を怠ってはならない。持久力期を長くとれない場合は、決して焦って泳ぎ込むのではなく、自分の適度なペース配分で泳げるスピードを体に覚えさせることに注意しておくとよい。

〈スピード期でのポイント〉

OWSは長距離であるため、持久力は非常に重要であるが、その一方でレース中にはレース前半の出足、中盤でのペースアップ、ゴール直前でのラストスパートなどスピードが急に変化する場面もある。このスピード期とは、その際に対応するためにスピードを出せる練習をしておくことになる。また、レースペースのベースを作る期間でもあるため、レースペースでの練習も行う必要がある。

〈テーパー期でのポイント〉

競技会前のトレーニングは、無理をせず少しずつ練習量を減らしていく。急激に練習量を落とすと、フォームが崩れてしなうことがあるので、テーパー期にかけては、練習量の減らし方に十分な注意が必要である。

また、陸上トレーニングの練習量も減らしていき、ウエイトトレーニングなどは行わず、その分、ストレッチングや柔軟体操などの時間を多くして、体のケアを取り組むとよい。あくまで、レースに向けて疲労を残さないよう練習を行うことが大切である。

② **トレーニングの実例**

〈初心者のためのトレーニング例〉

初心者　競技会に向けた練習

W-UP	200m×1　クロール
ドリル	25m×8本　10〜20秒休憩（右手クロール、左手クロール、キャッチアップクロール、ストレートアームクロール）2本ごと
キック	25m×4本　10秒〜30秒休憩（板キックやサイドキック：左右の向きを変えながら）
プル	400m×1本　フォームに気をつけてイーブンペース
スイム	100m×10本　5〜15秒休憩もしくは2分30秒サークル
C-Down	100m

TOTAL　2,000m

ポイント：実際のレースをイメージして、大きな泳ぎと楽な呼吸を意識して泳ぐ。インターバルは無理にこなすのではなく、自分の力に合ったレベルの練習を行う。スイムは100m×10本の代わりに50m×20本などでもよい。海では体が浮くため、キック練習は無理して行わなくてもよい。プル練習はプルブイがなければ、キック弱めのスイムの習得にあてる。

初心者　競技会直前の練習

W-UP	200m×1本（平泳ぎを混ぜて）
ドリル	100m×1本（50mキャッチアップクロール+50mストレートアームクロール
プル	200m×2本（20秒休憩　ゆっくり大きく）
スイム	400m×1本（レースを意識し大きな泳ぎでペースを把握） 50m×4本（10秒休憩もしくは1分20秒サークル。 　　　　400mペースよりも少しスピードアップ）
C-Down	100m×1本

TOTAL　1,400m

ポイント：実際のレースをイメージして、泳ぎがかたくならないように、リラックスして泳ぐ。実際のレースではペース配分を考えないと後半ペースダウンすることがあるので、自分の泳ぎやすいペースで、ペース配分の再確認を行う。

〈中級者のためのトレーニング例〉

中級者　競技会に向けた練習

W-UP	200m×1本（75mクロール+25mクロール以外の泳ぎ）
ドリル	50m×8本 20秒休憩もしくは1分20秒サークル（25mドリル+25mスイム、 ①右手クロール、②左手クロール、③キャッチアップクロール、 ④ドルフィンクロール×2セット）
キック	50m×4本　20秒休憩もしくは1分40秒サークル（サイドキック）
プル	200m×4本　30秒休憩もしくは4分30秒サークル 　（ハイポ：1/3、ディセンディング）
スイム	500m×1本（イーブンペース・タイムチェック） 100m×5本　15秒休憩もしくは2分15秒サークル 50m×10本　10秒休憩もしくは1分10秒サークル
C-Down	200m×1本

TOTAL　3,300m

ポイント：メニューの前半は泳ぎ（フォーム）に、後半は正確なペース配分で泳ぐことに注意して取り組む。フォームに対する意識がおろそかになったり、スイムのペースがオーバーペースにならないように、フォーム作りを

怠らず、スイムのペースも確実に身につけていく。また、片側だけの呼吸に頼らず左右のバランスを意識して、左右呼吸や呼吸制限を入れた練習も行うとよい。キックの練習は必須ではないが、クロール全体のバランスやタイミングの上達を図るためにはある程度のキック練習を取り入れる必要がある。キック練習を行う場合は、ビート板キックなどよりはサイドキックなどの方が有効である。メインセットの距離は1,500〜2,000m前後を目安にして練習を組み立て、バリエーションとして、プルをメインセットにすることも考えられる。

中級者　競技会直前の練習

W-UP	200m×1本　（50mクロール+50m平泳ぎ）
ドリル&スイム	100m×4本 (2分30秒サークル、奇数本：25mドリル+75mスイム 偶数本：75mドリル+25mスイム
キック	50m×3本、20秒休憩（サイドキック）
プル	150m×3本、20秒休憩（両側呼吸、イーブンペースで）
スイム	800m×1本（イーブンペース、タイムチェック） 50m×8本、10秒休憩もしくは1分10秒サークル（レーススピードで）
C-Down	200m×1本

TOTAL　2,600m

ポイント：実践でのスピード（ペース）で泳ぐことを意識して行う。競技会の直前まで過度な練習をし、泳ぎを崩したり、体を壊さないように、自分が気持ちよく、リラックスして泳ぐことを意識する。練習強度としては翌日に疲れを残さない程度とすることが理想である。

〈上級者向けのトレーニング例〉

上級者　競技会に向けた練習

W-UP	200m×3本、3分サークル（クロール／個人メドレー／50mクロール+50m背泳ぎ）
ドリル	50m×8本、1分サークル（クロール以外も混ぜて、4・8本HARD-EASY）
キック	50m×12本、1分サークル（1-4DES、4本ドリルキック、1-4DES）
プル	1,000m×1本、EASYとHARDを交互に行うスピードプレイ ※イージー　25m　50m　75m　100m ※ハード　　25m　50m　75m　100m×2set
スイム	400m×12本（4本×3セット） ①6分　②5分30秒　③5分15秒　④5分 ①イーブン、②〜④ディセンディング
C-Down	200m

TOTAL　7,600m

ポイント：メニューの前半はフォームチェック、後半はよいフォームでのスピードの変化を意識して行う。スピードを上げると、泳ぎが崩れたり、無理して泳いでしまうことに陥りやすいので、自分の泳ぎ（フォーム）を維持できるように心がける。

またタイムをねらって泳ぎたい場合は、泳ぎ（フォーム）よりもタイムを重視することも、時には必要である。ペースが把握できていないと、スピードの変化をつけにくいので、体内時計をもつ（しっかり体で時間を把握する）ことが大切である。

バリエーションとして、プルをメインセットにもってきたり、スイムのセットを2回に分けることが考えられる。

上級者　競技会直前の練習

W-UP	400m SPKS（スイム・プル・キック・スイムの順番で100mずつ）
ドリル	100m×4本、1分45秒サークル
キック	50m×10本、1分サークル（キック-スイム4本、プル-スイム4本、1本フォーム、1本ビルドアップ）
プル	100m×9本（3本×3セット） ①1分40秒（個人メドレーまたは背泳ぎ） ②1分30秒（クロール　ディセンディング） ③1分20秒（クロール　イーブン）
スイム	100m×5本、1分30秒（イーブン） 1,000m×1本（ビルドアップ：レーススピードまで上げる）
C-Down	200m
	TOTAL　3,900m

ポイント：最初はゆっくりリラックスして泳ぎ、少しずつペースを上げていくことを意識して行う。レース時のよいイメージをしっかりと頭に描きながら、力まずに泳ぐように心掛ける。

レーススピードを意識するあまり、タイムが上がらなかったり、心拍数が上がりすぎたり、泳ぎが崩れることがあるが、そのような時は焦らずにドリル練習などでフォームチェックを行ったり、他の種目を泳いで体をリラックスさせるとよい。

バリエーションとして、ディセンディングで1本ずつレーススピードまで上げるようにしたり、短い距離で本数の多いインターバルで泳ぎとペースを作るといったことが考えられる。

〈トップ選手に向けたトレーニング例〉

競技会に向けた練習 (トップ選手)

W-UP	400m×3本、6分30秒サークル、個人メドレー
	50m×12本（4本×3セット）、1分サークル、25m Fast
キックスイム	50m×24本（8本×3セット）、1分サークル（個人メドレー、25mキック／25mスイム、Smooth&テクニックを重要視）
スイム	50m×30本（2本×15セット）
	50秒サークル（クロール Smooth／4種目を1本ずつ Fast）
スイム	30分間泳　Fast
プル	20分間泳　Fast
スイム	10分間泳　Fast
キック	5分間泳　Fast、フィンキック
C-Down	800m

ポイント：メインではスイム30分間泳、プル20分間泳、スイム10分間泳、キック5分間泳というように、連続してFAST（速く泳ぐ）で泳ぎ続ける練習を行う。このように競泳とは異なり、サイクルを決めて行うのではなく、OWSレースの状況に近づけるため、休み（レスト）を設けず（少なく）続けて泳ぐ練習を行う。練習中に前で泳ぐ選手に追いついたら抜かすようにすることで、OWSレース中に必要な技術も習得できる。そのほかには、100m×30本（1本ずつスムーズ／ハード、タッチアンドゴー）をメイン練習で行っている。これも休みを入れずにスピードの強弱を入れることでOWSレース中のペースアップに対応できるようなスピード強化練習として有効である。

競技会直前の練習 (トップ選手)

W-UP	400m SPKS（スイム・プル・キック・スイム100mずつ）
スイム	500m×5本（100mずつディセンディング）
C-Down	800m

TOTAL　3,700m

ポイント：レースの2〜3日前に行う練習であるが、レース時のよいイメージをしっかりと頭に描きながら、100mずつしっかりディセンディングできるように泳ぐ（1本ずつスピードを上げていき、1本目より2本目、2本目より3本目を速く泳ぐ）。このメニューもサイクルは決めず、休みは少なくし、ほぼ2,500mのストレート練習のように行う。このように、OWSでは競泳と異なり、続けて泳ぎ、その中でもスピードの強弱をつけることができるように練習するのが望ましい。

コーチングと
コンディショニング

SECTION 2

1 愛好者向けのコーチング

　初心者、中級者、上級者、それぞれの特徴をよく理解した上で、目標となるレースを設定し、レベルに合わせたOWSの専門的な技術を習得させ、目標とするレースを安全に完泳させることが指導者としての役割である。

①初心者コーチングのポイント
〈初心者にみられる特徴〉
　子どもの頃、水泳とはそれほど縁がなく、成人してから水泳を始めたという経歴の者が多く、年齢層は比較的高い。

〈コーチングのポイント〉
　水泳経験年数の比較的浅いOWS初心者にとって、競技会は楽しいという感覚よりも、不安感が大半を占める。この不安要素になっているのはおおよそ、泳距離が長いことと、水深が深く途中立ち上がることができないことの2点である。したがって、これらの不安要素を取り除くことができれば、初心者は、ある程度、安心してOWSを楽しむことができるようになる。そのためには持久力を効率よく向上させるためのトレーニングプログラムの提供はもちろん、OWS特有の技術として立ち泳ぎ（踏み足）、背浮き、顔上げ平泳（または顔上げスカーリング+バタ足）といった技術を習得させ、確実な浮力の確保、また呼吸の確保を覚えさせることで、不安要素はある程度解消できる。またそれでも不安が払拭できない場合は最低限の浮力を伴うOWS用安全浮き具の使用も視野に入れてアドバイスを行うとよい。

　目標にするレースは、できるだけ距離の短い種目、温暖な場所で、透明度がよく、波や潮流の影響が比較的少なく、できるだけ参加人数が少ないレースを選択させるとよい。初心者にとってはレースだけではなく、会場での行動などすべてが不安である。指導者はレース当日、ウォーミング

POINT
初心者がワンピースタイプのウエットスーツを着用した場合、浮力の確保はできるが下半身の浮力も強くなる。また、比較的高齢の女性スイマーにとっては体を立てる動作がしにくいため危険な場合もあるということを指導者は理解しておく。

アップ、会場での受付手続きやスタート前の説明会に競技者と一緒に同行し、スタート直前まで一緒にいてあげることが望ましい。また初めてレースに参加するというような初心者の場合、状況によっては判泳を行うとよい。なお完泳後は、競技者にねぎらいの言葉をかけ、次の目標を設定させることが大切である。

②中級者向けコーチング
〈中級者にみられる特徴〉
　子どもの頃からスイミングスクールに通った経験を持っている者のように、水泳経験が豊富な者が多く、成人してからもフィットネスクラブやスイミングスクールに頻繁に通い、マスターズの水泳競技会などにも積極的に参加している者が多い傾向がみられる。また年令層は幅広い。
　このような者は、OWSに対してそれほど不安を感じていない場合が多い。
〈コーチングのポイント〉
　中級者を指導する上で、もっとも注意すべき点は中級者本人の過度な自信である。自然を相手にするOWS競技では、水の流れや波、水温、競技者同士の接触など、本人が予期していなかったことが多発するため、感情が左右されやすい。そしてある程度の泳力を持ち合わせているだけに、周りの競技者のペースに惑わされ、オーバーペースになりがちである。途中リタイアする競技者には、このレベルが意外にも多いということを指導者は理解していなければならない。したがって、しっかりとしたトレーニング計画を立て、プールでの練習はフォーム改善を常に念頭におきながら、持久系のインターバルトレーニングを多く取り入れ、ペース配分を体に覚えこませることが重要である。またOWS特有の技術であるヘッドアップクロールやドルフィニングなどを習得させる必要がある。そのため、自然条件に慣れることを第一目的に、レース前には必ず海で練習する機会を設けることが大切である。その場合、海水浴シーズンであれば監視員（やライフセーバー）が駐在する遊泳区域内で行うとよい。それ以外の期間で行う場合は、必ず、その地域を管理する各関係機関に確認を取り、必要であれば協力を要請し、資格を持った監視員（やライフセーバー）を配備した上で、海でのルールを守って練習を行うことが必須条件である。
　目標とするレースは3km前後の競技会を選択するようにアドバイスを行うとよい。夏の海水浴シーズンに首都圏近郊で行われるレースから、春や秋に温暖な地域で行われるレースまで幅広く参加し、競技者にレー

ス慣れさせることも大切である。

③上級者向けコーチング

〈上級者にみられる特徴〉

　競泳選手としての経験を持ち、引退から数年経過の後、水泳に復帰し、プールでの競泳とは違った魅力を感じてOWSに参加、競技を楽しんでいる者が多い。当然ながら水泳経験はかなり豊富で、比較的年令層は若い。

〈コーチングのポイント〉

　上級者に指導する上でもっとも注意すべき点は、過剰なトレーニングによる故障である。上級者レベルになるとスイミングスクールやスポーツクラブでのトレーニングでは飽き足らず、自身でも時間を作って頻繁にトレーニングをする傾向がある。もちろんより良い結果を求めてこのようなトレーニングを積んでいくのだが、競泳選手として活躍していた時のイメージでトレーニングを行うと体への負担はかなり大きい。オーバーワークを見極め、適切なアドバイスを行えることが指導者としての役割となる。トレーニング内容は持久力ベースの構築を目的に、泳距離を必要に応じて増やし、レースが近づくにつれてスピードに変化を持たせたインターバルトレーニングなどを行うと効果的である。通常の持久系インターバルトレーニングにヘッドアップクロールやドルフィニングなどを組み込むなど、OWS特有の専門的な動作を取り入れるとよい。また、海でのトレーニングも積極的に取り入れる。ブイターンやビーチでのイン・アウトなど細かな技術の習得や、スタート直後の身体接触を想定したトレーニング、シミュレーション的に長距離を泳ぐ練習などを積極的に取り入れるべきである。

　目標とするレースは経験を考慮しつつ、段階を追って5kmから10kmまで競技会にチャレンジさせるとよい。首都圏近郊で行われる競技会は比較的、参加人数が多く、レースのレベルが高い、上級者にとっては魅力的なレースとなることも頭に入れおくとよい。

2 トップ選手向けのコーチング

①選手育成のポイント

　当たり前のことであるが、選手がOWSに興味がなければ競技を続けるのは難しい。オーストラリアやアメリカでは小さい頃から、競泳の練習に加え、OWSシーズンになると休日はOWSレースに競泳の強化の一環として参加している。その選手の多くは競泳選手として活躍するが、そこ

から数名はOWS選手として活躍していく。一方で日本は島国でありながらOWSのレースが少なく、小さい頃からOWSの競技会に出場させているスイミングクラブも少ない。OWSの競技会に出場させることで、競技中の柔軟な対応や判断力が身につき、何より海を怖がることがなくなるため、子どもの頃から海で泳ぐ機会を与えることが重要である。

　日本の競泳選手がOWSレース初出場後によく口にする言葉は「しょっぱい」「波があって泳ぎづらい」「人がいて泳ぎづらい」といった内容で、普段プールで練習している時にはない環境に対して、マイナス意見を述べる。これは、小さい頃からプールで徹底して泳ぐトレーニングや、スイミングフォームをみつめトレーニングを積んできた賜物であるともいえる。しかし、OWSという競技は時々刻々と変化する環境下で泳ぐ速さを競う種目である。OWSで勝つためにはまず、選手とコーチがともに競技のことをよく理解した上で、挑戦することが重要である。そのためには、実際のレースより前に海で泳ぐトレーニングを行い、その際に決してマイナスイメージの言葉を発しないことが大切である。このように、泳ぎづらいといった海に対する抵抗をもつのではなく、さまざまな環境と調和して泳ぐ調整力を身につけることが重要である。

② OWS特有の技術とコーチング

〈給水テクニック〉

　オリンピックや世界水泳選手権大会などの主要な国際大会、および日本水泳連盟OWS競技規則に則った競技会における10km以上の種目では、給水エリアが設置されている。この時に必要となるのが給水テクニックである。

　給水は、一般的に竿を用いて行う。この給水方法は選手とともにコーチも給水練習をしておく必要がある。給水竿は5m以内と決められており、5m近くある竿の先に飲み物をつけて、選手に渡すのは非常に難しい。一方、選手は周りに選手がいる中で確実に自分の竿のところまでいき（泳ぎ）、補給物を取らなければならない。

　また、泳ぎながら確実に補給物を飲むテクニックも必要である。ペットボトルやプラスチックのコップなど飲み物の形状も事前に試すことでレース中にどの給水方法が確実に行えるか確認しておく必要もある。また、国際大会に出場する多くの選手は給水エリアで万が一、給水を取れなかった時に備えて、水着にゼリー状の栄養補給食品（エネルギージェル）を挟んでいる。

［水着に入れる栄養補給食］
OWSでは、競技者が栄養補給食を水着の内側に入れて持ち込むことを認めている。持ち込まれる栄養補給食は、形状の小さな、ゼリー状の栄養補助食品などが一般的である。競技者は給水エリアでの栄養補給のほかに、自らが持ち込んだ栄養補給食で適宜補給を行っている。

水着の内側にゼリー状の栄養補助食品を入れている競技者

〈レース会場での確認（選手とコーチの共通理解）〉

　10km以上のレースでは、コーチは給水エリアから選手に指示を与えることができる（図4-12）。コーチは選手がレース中に目安として見ている風景を事前に共通理解としてもっておくことで、選手がコースアウトした時など的確な指示を出せるようにしておく必要がある。

　また、戦術についても選手と事前に十分に話しておき、実際そのレースができているかなど、コーチは給水エリアでしっかり指示を出せるようにしておかなければならない（図4-13）。時にはコーチは、レースの途中に他の選手に合わせて戦略を変える必要もあり、自分の選手だけでなく、他の選手の様子やレース展開などを冷静に分析し、指示を出す能力が必要である。

　加えて、給水を何周目で行うか、選手によっては何周目でこの飲み物を飲みたいという希望を出す選手もいるため、一人一人の選手の戦術を把握し、レース中に的確なアドバイスができるようにしておかなければならない。

図4-12　給水エリアでのコーチからの指示出しの様子

図4-13　レース前のコーチと選手の戦略会議の様子

〈選手の体調管理の徹底〉

　OWSレースはトップ選手でも10kmを2時間弱泳ぎ続けなければならないという過酷なレースである。そのため、徹底した体調管理が必要である。実際に2010年のワールドカップで、アメリカのトップ選手がレース中に亡くなるという事故が発生した。レース前日までに現地入りし、選手の体調管理には万全を期さねばならない。また、事前に実戦と同じ距離をストレートで泳ぐ練習をさせることで選手とともに何km地点でどのような体調になり、またその際にどのような泳ぎになるかを把握するなどして、選手を安全にレースに出場させる必要がある。

3 愛好者向けのコンディショニング

　コンディショニングとは、広義には「選手の心身の良い状態を維持・向上させること」と定義されており、狭義には身体調整全般を指す（日本水泳連盟 編『水泳コーチ教本　第2版』）。

　OWSにおけるコンディショニング方法はおおよそ競泳と似ているが、ここではOWSにおいて特に注意しなければならない点を紹介する。

①愛好者の特徴と指導のポイント

　OWS愛好者の場合、仕事やプライベート的な関係から、年間や半期

でのトレーニングプランを立てることはなかなか難しい場合が多い。それは傾向として、レースまで比較的時間的な余裕がある時は、トレーニングよりもプライベートが優先になりやすく、反面、レース直前になって、長距離を泳がなければならないという不安からトレーニングが過剰になりやすいという傾向がある。本来、泳ぎ込みをしなければならない時期に泳ぐことができず、持久力ベースがしっかりと備わっていない状態で、直前に泳ぎ過ぎてしまい、疲労が蓄積したままレースに臨むケースを避けるべきである。そのため、できるだけ早い段階で目標となるレースを決定し、定期的にトレーニングを行える環境づくりをすることが先決である。泳ぎ込むことに加え、故障を防止するための柔軟や、チューブなどを利用した肩周りの強化など、ドライランド（陸上）でのトレーニングも有効である。そして、約1ヵ月前から練習量を少しずつ減らし、競技会の直前では翌日に疲れが残らない程度の練習量に調整することがトレーニング強度の目安となる。

②競技会当日のポイント

〈競技に向けた栄養補給〉

　競技会は朝早くから行われることが多い。そのため、前日、また当日の朝食（食事内容は暴飲暴食を避け、普段どおりでよい）はしっかりと摂る。また、競技会直前、会場での栄養の摂取は油分の多い重たい食事は控え、消化吸収を第一に考え、消化のよいゼリー状の栄養補給食品（エネルギージェル）などで調整するとよい。また水分も競技会の前日からこまめに摂取しておくことが大切である。飲料としてはスポーツドリンクを少し水で薄めたものなどが理想である。

〈日焼け対策〉

　競技会では、日射しが強く気温が高くなることが多い。当然のことではあるが炎天下の中で肌をさらした状態でいると体力を著しく消耗し、水分不足を引き起こす。そのようなことをできるだけ避けるために会場では日陰に位置する場所を確保し、スタートまでの時間を過ごすことがよい。また競技中も日射しを受けて泳ぐこととなるため、日焼け止めを塗るなどし、対策が必要である。

〈レベルに応じたウォーミングアップ〉

　ウォーミングアップはよりよいコンディションでスタートを迎えるための大切なものである。

　初心者は、足の立つ浅い場所でボビング等を行い呼吸動作を確認しておいたり、海でレースが行われる場合はプールと海との浮力の違いなどを体で確認するための浮き身や背浮きなどを中心に行い、徐々に水に慣

れてきたら5分から10分ほどを目安にクロールや平泳ぎなどでのんびり泳いでおいたりするとよい。

　他方、中級者および上級者は、できれば20分程度はウォーミングアップに時間をかけるとよい。ウォーミングアップ中にコースの確認なども含めてスタートしてから第1ブイまで、また最終ブイからゴールまでの試し泳ぎ（シミュレーション）を行い、第1ブイやゴールゲート以外に目安となる大きな目標物を探しておくなどする。同時に、波や水の流れの確認もするとよい。

4 トップ選手向けのコンディショニング

①トップ選手の特徴と指導のポイント

〈肩・股関節強化〉

　OWSは競泳に比べて長い距離を泳ぐため、必然的に肩を回す回数が増える。そのため、肩への負担は大きく、普段の練習から水中だけでなくドライランド（陸上）での練習も取り入れ、肩の強化をする必要がある。さらに、OWSはヘッドアップ動作もあるため、首や背筋、腕への筋肉の負担が大きい。上半身の強化をすることで、レース中に疲れにくい体、レースによって故障することのないような強靭な体を作ることが重要である。

　また、OWSは競泳にあるターン動作がないため、長い間同じ姿勢となり股関節がかたまりやすく、ゴール後に痛みを訴える選手もいる。レース後、痛みが出ていなくても肩・腕・股関節周りのアイシングやストレッチングは必須である。

〈セルフチェック〉

　トレーナーによるコンディショニングだけでなく、選手自身が自分の体調をしっかり把握しておく必要がある。OWSは特に長距離レースであるため、選手自身が競技中も自分の体調を把握し、時に体調がおかしければ、近くにいるライフセーバーや給水エリアでコーチに伝えるなど、体調の管理をしっかり行い、セルフレスキューができなければならない。後述するが、レース中は特に熱中症や脱水症状に気をつける必要があり、体調が悪くなる前に自分の体をコントロールすることが重要である。

②競技会当日のポイント

〈日焼け対策〉

　他の水泳種目と異なり、OWSはほぼ屋外で行われる競技である。また、競技開催可能な最低水温も決められているため、競技は主に日差しの強い夏に行われる。日焼けは体力を奪うため、十分に気をつけなければならない。特に忘れられがちなことは、会場に着いてからスタートまでの

日焼け対策である。競技会会場では日焼け止めをしっかり塗り、スタートまでは日陰で待ち、できるだけ体力を消耗しないようにする努力が必要である。また日焼け止めを塗っていても競技中は日焼けをするため、ゴール後のアイシング等によるケアは必須である。

〈熱中症の予防〉

競技前、競技中における熱中症にも十分な注意が必要である。先述したとおり、日差しが強いと熱中症のリスクも上がる。そのため、レース前には競技会主催者が発表するレース当日の水温も把握し、ウォーミングアップの際に自分で確認することで、レースペースや栄養物等を検討する必要がある。また競技中も熱中症にならないように栄養や水分を補給する機会を増やすなど、自分の体調に臨機応変に対応し、事前の対処が必要である。

〈脱水症状の予防〉

長時間の競技であるため、競技中に水分を摂らなければ脱水症状になってしまう。これを防ぐには水分補給が重要であるが、その際に注意しなければならないことは水とナトリウムなどを含んだ適切なスポーツ飲料を摂取することである。近年、トップ選手は後半のスパートで力発揮ができるように、スポーツ飲料に高カロリーのもの（ゼリーなど）を入れているが、実際摂取している水分が少なければ適切な給水とはいえない。長時間のレースである自転車競技やマラソンなどの水分補給の方法を参考にし、今後は給水エリアでの補給物の内容も検討する必要がある。

〈栄養管理〉

競技前や競技中の栄養補給は大変重要なものとなる。現在はゼリー状の栄養補給物（エネルギージェル）を競技の途中で摂取する選手がほとんどであるが、昔は朝食を大量に摂り競技に臨む選手がいた。実際、近年の研究において、大量に朝食を摂取し、競技中は栄養補給をしなかった選手に比べ、通常の朝食を摂り、競技中もこまめに栄養補給する選手の方が競技結果が良かったという報告がなされている。これらの研究結果からも朝食時からしっかり栄養を摂取し、競技中も栄養補給をする必要があることが分かる。

先述したとおり、主要な国際大会では、スポーツドリンクにゼリー状の栄養補給物を入れることで摂取できるカロリー量を高めて、後半のスパートの際に力発揮ができるように対応している選手がほとんどである。このように単にスポーツドリンクを準備するのではなく、各人で自分の体格にあったドリンクを作成する必要がある。

第 5 章

オープンウォータースイミングのリスクとリスクマネジメント

SECTION 1. 競技者が知っておくべきリスクとリスクマネジメント
SECTION 2. 指導者が知っておくべきリスクとリスクマネジメント
SECTION 3. 競技会運営者が知っておくべきリスクとリスクマネジメント
SECTION 4. 競技会での医事サポート
SECTION 5. 一次救命処置の手順
SECTION 6. 事故事例とリスク要因

競技者が知っておくべきリスクとリスクマネジメント

SECTION 1

1 リスクとその種類

防ごうと最大限の努力をしても、事故は発生しうるものである。自然環境下で行われるOWS競技会に出場する者は「事故が発生するリスクは必ずあるもの」と認識した上で、自らの責任において競技に出場することを忘れてはならない。

それでは、OWSの競技者は実際にどのようなリスクと向き合わなければならないのだろうか。競技者にかかるリスクは、競技者個人の素因に由来する「個体要因によるリスク」と天候などに起因する「環境要因によるリスク」に大別できる。それらの概要は次のとおりである。

リスク①：経験の浅さ（個体要因）

OWSの経験が乏しいために、寒冷じんましん、海水の刺激による皮膚炎や結膜炎や鼻水、水着と皮膚が擦れる皮膚炎、火傷に近い日焼け、緊張により誘発される過喚気症候群といったリスクをもつ。

リスク②：体調不良や疲労状態（個体要因）

飲酒による判断力の低下や脱水、風邪、睡眠不足、レース当日の長距離運転後のレース参加などによってもたらされる疲労や体調不良は、心血管系の異常を発症し、突然死への危険をもたらすリスクを一層高くする。

リスク③：中高年齢者（個体要因）

中高年齢者の場合には、糖尿病、高脂血症、高尿酸血症（痛風）、喫煙習慣、高血圧などの心血管系疾患や、そのほかの持病を抱えている泳者が比較的多い。そのため、中高年齢者の競技者は自ら、疾患の悪化や突然死を含めたリスクをもって競技会に出場しているという自覚をもつことが必要である。

リスク④：海況（環境要因）

波が高くうねりが激しい場合には、波に揉まれることによるいわゆる「酔い」による悪心、体力の消耗による疲労が生じやすい。さらに、海

[リスク]
OWSに出場する競技者は、「事故はいつどんな状況下でも起こりうる」という事実を認識しておかなければならない。

[リスクの予防策]
ここに挙げた予防策については日本水泳連盟の「OWS競技に関する安全対策ガイドライン」にも記載されている。
http://www.swim.or.jp/about/download/rule/g_03.pdf

水を飲みこみ、肺や気管に誤嚥することによるパニックや、それに伴う溺水の発生が予測される。

その一方、海が凪の状態で、水温も適正でかつ風も少ないという競技を行うには絶好のコンディションにおいて熟練した競技者のみが参加している場合にもリスクはある。というのは、スタート時におけるポジション争いに伴う他の競技者との身体接触による打撲や擦過傷、海洋生物（クラゲなど）に接触することによる皮膚障害、過度の日焼けなどが起こりやすいからである。

リスク⑤：水温（環境要因）

水温が高い場合や外気温が高い場合には、熱中症の発生や脱水症状が起こりやすい。急激な脱水と塩分の喪失が起こると、全身の筋肉が痙攣する熱けいれんが生じることがある。

その一方、水温が低い場合には、低体温症や筋肉痙攣といった症状が起こりやすい。体力の消耗とともに意識の低下をきたし、溺水などの危険性がある。

2 自己責任の原則と自己保全能力

競技者は自らの責任において、出場、棄権、途中棄権の判断をしなければならない。自然環境下で行われるOWSの競技会ではその判断を誤ると死に直結する危険性があり、十分に注意して行動しなければならない。とくに、天候や水温の急変など、泳ぐ環境（コンディション）が常に変化するため、リスクも時々刻々変化する。競技者はこのことを留意しなければならない。

そこで、競技者には予期しないことが発生してもパニックに陥らず、慌てず落ち着いて対処する「自己保全能力」が求められる。この能力は、気象や海象などの自然環境に関する知識を習得することや、OWSの経験を積むことによって身につけることができる。プールで速く泳げる競泳選手が、OWSで「こんなはずではなかった…」と実力を発揮できない場面をよく目にするが、その主たる原因はこの能力の欠如にほかならない。

3 「競技者自身がライフセーバー」という意識

OWSでは、競技中、競技者自身が溺者の第一発見者となることも十分に起こりうることである。そのために、競技者は自らが救助者となることを想定し、救急救命に関する基礎知識を率先的に習得して競技会に臨む「競技者自身がライフセーバー」の意識が求められる。

[OWSに出場する競技者にとっての自己責任の原則]

①定期的な水泳練習と健康への自己管理責任
（万全な体調で出場すること。寝不足や前日の飲酒は厳禁である）

②承諾書への署名・提出の義務
（競技者には自己判断による参加の意思表示や参加承諾の責任がある）

③レース中での自己判断と自己保全能力の保持（体調がおかしいと感じたら、躊躇することなく棄権する）

④途中棄権者は自己の責任で競技役員にその旨を伝達
（競技者の安全確認上、途中棄権した場合は競技会本部への届出が義務づけられている）

指導者が知っておくべきリスクとリスクマネジメント

SECTION 2

1 3つのリスクマネジメント

　競技者と同様に、指導者も「リスクは必ずあるもの」と認識しておかなければならない。指導者に求められるリスクマネジメントは、①**認識・検証**、②**評価**、③**管理**という3つに集約される。まず、出場予定の競技会のリスクを認識・検証しなければならない。これは、競技会が行われる水域や規模、監視体制などを確認することである。次に、競技者の力量を評価しなければならない。これは、出場する競技者の泳力、OWSの経験、年齢などである。そして最後に、競技者にこれらの情報を伝え、出場した場合の対応を指示する。こうすることで、リスクを最小限にコントロール（管理）することができ、リスクマネジメントが完結する。

2 競技者への伝達の義務

　指導者にもっとも重要なことは、リスクに関する情報を競技者に知らせ、競技会に出場した場合のリスク責任を競技者に移行させることである。この「移行させる」というのは、責任を押し付けることではなく、競技者自身に自己責任・自己判断の概念をもたせることを意味する。OWSの指導者は、スキルやテクニックだけでなく、リスクを最小限にする「考え方」をも競技者に教えることが求められる。

3 自己保全能力の教育

　指導者は「自己保全能力」も競技者に教えなければならない。競技者にこの能力を教育することで、レース中のリスクを低減させることができる。欧米やオーストラリアなどにおける子どもに対する水泳教育では、水の楽しさとともに恐さを教えることから始まり、自然環境下あるいは類似環境下での水泳が必須科目となっている。このことからも「自己保全能力」の教育の重要性がうかがえる。

[リスクの指導]
OWSの指導者は「事故はいつ、どんな状況下でも起こりうる」という事実を認識して、指導にあたらなければならない。

[自己責任の原則]
リスクを知らせることで、リスクを受ける責任を競技者に移行させる。

競技会運営者が知っておくべきリスクとリスクマネジメント

SECTION 3

1 意識改革の必要性

　OWSは、常に危険性が伴う競技であることを理解しておかなければならない。競技者や指導者と同様、競技会運営に携わるすべての関係者が「重大事故はいつでもどこでも発生する」ことを強く意識し、そのための啓蒙活動(意識改革)は時間をかけて反復して行うべきである。

2 競技者への情報提供の責任

　OWSの競技会への出場は競技者の自己責任に基づいて行われる。競技者は競技会のレベルと競技者の能力を勘案して出場する競技会を選択することになるが、リスクマネジメントの観点からいえば、競技者は競技会運営者の提供する情報(開催地・開催日・競技距離・種目・参加基準等)と競技者自らの力量からリスクコントロールして競技会を選択することになる。したがって、競技会運営者はできるだけ多くの情報を競技者に提供する責任がある。正確な情報提供はリスクを低減させる意味において、非常に重要である。また、今日では競技者に「健康アンケート」や「誓約書」の提出を義務づけるケースが一般的になってきている。これにより出場する競技者へのリスク管理に対する責任の所在の移行が図られると同時に、競技者の「自己責任」の意識づけにも役立っている。

3 「ガイドライン」に基づいた安全対策と運営体制

　競技会運営者は、開催する競技会における重大事故の防止を図るために万全の安全対策と運営体制を講じなければならない。そのために必要なさまざまな方策は、日本水泳連盟の「OWS競技に関する安全対策ガイドライン」に詳細かつ具体的に記載されている。ただし、当該ガイドラインは絶対的な安全基準といえるものではないため、あくまでも目安として参考にすべきものである。

[事実の認識]
OWSの競技会運営に携わるすべての関係者は「事故はいつでも、どんな状況下でも起こりうる」という事実を認識しておかなければならない。

[OWS競技に関する安全対策ガイドライン]
http://www.swim.or.jp/about/download/rule/g-03.pdf

競技会での医事サポート

SECTION 4

1 医事活動の概要

①競技会前

　競技会前には、主催者により安全委員会が設置され、競技会の事前情報から安全対策の体制や方法、人数などについて話し合いが行われる。競技者からの誓約書や事前の健康チェックシートなどにより競技者の健康状態を把握し、医師、看護師、救急救命士、ライフセーバーからなる安全救護員全体で情報を共有し安全確保に努められている。救急搬送用の後方病院の確保や救急病院の事前調査、消防署などの行政機関への連絡や、場合によっては救急車の待機も準備されている。また、災害時などの緊急時における体制や連絡方法などについても確認される。

②競技会当日

　競技会当日は、重傷者の救命と一般傷病者の一次診療、災害時における同時多発傷病者発生時のトリアージおよび後方協力病院との連携を行う体制が取られている。

　競技会では、安全救護員として医師を必ず配置し、さらに一次救命処置に精通するもの、(競技中の)競技者20名に対して1名以上のライフセーバーの人員確保が求められる。また、レスキューボートや水上ボート、安全救護用の船舶も準備し、溺者や傷病者を水上から救護所までスムーズに搬送できるような動線の確保を行い、さらに監視用のカヌーやヨットも一定間隔で用意し、常に競技者の様子を観察できる体制がとられる。また、リタイア者が生じたときのためにリタイア者搬送舶が用意され速やかに陸上に搬送される。

　陸上には救護用テントが用意され、自動体外除細動器

[安全確保に務めている]
2012年9月に行われたトライアスロン横浜大会では、最大1.6km先まで正確に音波を伝えることのできる長距離音響発生装置「エルラド(LRAD)」が災害時の水上を含む競技者への緊急警報用に準備されていた。

図5-1 救助 (提供:金岡恒治)

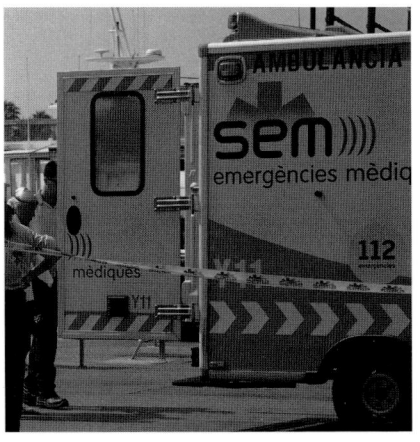

図2 救急車内収容 (提供:金岡恒治)

（AED）のほか救急蘇生セットや救急薬剤、外傷用の処置用品、軟膏薬などを準備している。さらに採暖用の毛布やタオル、クーリング用の氷や飲料水、日焼け止めクリームやワセリンなども用意している。

③競技会後

競技会後には、救護症例のフィードバックにより、救護体制が適切な体制で行えていたか、人員や機材は十分であったか、さらに改善する余地はないかなどが話し合われ、今後の競技会へ生かされている。

2 緊急時の対応

①自ら運動を中止すべき兆候

競技者は、スポーツにおいては自己責任の原則があることを認識し、下記に示すような症状があるときは速やかに競技を中止し、安全救護員に助けを求めるか陸上にあがり救護所へ行くべきである。

- ・胸痛
- ・脈の乱れ
- ・強い息切れや呼吸困難
- ・めまい
- ・嘔気や嘔吐
- ・全身の脱力感
- ・強い頭痛
- ・競技中も持続し軽快しない寒気

②安全救護員の判断で競技を中止させる兆候

下記の兆候が見られる場合は、競技続行が危険と判断されるため、ライフセーバーなどの安全救護員の判断で競技を中止させる場合がある。

- ・意識消失
- ・溺水
- ・頭頸部を打撲し救護員が危険と判断した場合
- ・動きが明らかに異常でコースから離れてしまう場合
- ・顔面蒼白や低体温などで競技続行が不可能と判断される場合

③緊急時の処置

緊急時には一刻も早く陸上に搬送し、処置を行う必要がある。特に溺水や意識消失の場合は数分の遅れが生死を分けてしまう。そのような場合はライフセーバーなどの安全救護員だけでなく、競技会参加者の協力も必要である。

水上からの救助後は、意識障害や溺水など重篤な状況の場合、一次救

命処置を行いながら、速やかに救急病院への搬送を行う。また、救護所での保温で改善しない低体温症や、点滴の必要な熱中症、縫合が必要な外傷や画像診断による検査が必要な場合も、救急病院への搬送や後方病院への依頼を行っている。

3 競技会に多い疾患・事故と応急処置

①熱中症

〈特徴〉

OWSでは気温・水温ともに高温環境下で行われることが多く、熱中症を生じやすい。喉の渇きを感じたときにはすでに脱水状態にあり熱中症の一歩手前の状態といえる。

〈予防方法〉

喉の渇きを感じる前から水分補給をこまめに行う。長時間のレースやトレーニングの際は、あらかじめ水分を準備しておき、どのようなタイミングでどのように水分摂取するかを決めておく。予測される発汗量

[競技会の水温]
日本水泳連盟OWS競技規則に基づく競技会では、水温16〜31℃と設定されている。これより高い場合は熱中症、低い場合は低体温症の危険があるが、設定水温内であってもこれらが生じる危険は十分にあるので注意が必要である。

分類	症状	重症度
Ⅰ度	**めまい・失神** 「立ちくらみ」という状態で、脳への血流が瞬間的に不充分になったことを示し、"熱失神"と呼ぶこともある。 **筋肉痛・筋肉の硬直** 筋肉の「こむら返り」のことで、その部分の痛みを伴う。発汗に伴う塩分（ナトリウムなど）の欠乏により生じる。これを"熱痙攣"と呼ぶこともある。 **大量の発汗**	
Ⅱ度	**頭痛・気分の不快・吐き気・嘔吐・倦怠感・虚脱感** 体がぐったりする、力が入らないなどがあり、従来から"熱疲労""熱疲弊"と言われていた症状である。	
Ⅲ度	**意識障害・痙攣・手足の運動障害** 呼びかけや刺激への反応がおかしい、体にガクガクとひきつけがある、真っ直ぐ走れない・歩けないなど。 **高体温** 体に触ると熱いという感触。従来から"熱射病"や"重度の日射病"と言われていたものがこれに相当する。	

表5-3　熱中症の症状と重症度分類（環境省「熱中症環境保健マニュアル」より）

に応じて塩分などの電解質やミネラルも補給することが大切である。運動強度や気温、水温によって発汗量は変化するので、状況に合わせた水分補給が必要である。

〈症状・応急手当〉

熱中症は、めまいや失神を生じる「熱失神」、四肢や腹筋の痙攣と筋肉痛が生じる「熱痙攣」、全身倦怠感、脱力感、吐き気、嘔吐、頭痛等を生じる「熱疲労」、高体温と意識障害、低血糖や多臓器障害から死亡率も高い「熱射病」といった病態である

図5-4　水分補給

なお、熱中症は具体的な治療の必要性（重症度）から図5-3のように分類されている。Ⅰ度は現場での応急手当で対応できる軽症、Ⅱ度は医療機関への搬送を必要とする中等症、Ⅲ度は医療機関へ搬送し集中治療の必要性のある重症であり、連続性のある病態として応急手当を行う必要がある。

②低体温症

〈特徴〉

OWSでは長時間水中で活動することで低体温症を生じやすい。これは体表から熱が奪われていき、自律的な体温調節の限界を超えることで体内の温度（深部体温）の低下により来すさまざまな症状のことである。三大要因として「低水温」「風」「過労」が挙げられており、水温や気温だけではなく、風速が強いときや過労の状態にある時にも注意が必要である。また、水中においては熱の伝導性が高いため、陸上では寒いと感じないくらいの気温・水温であっても、水中に長時間いることで低体温症を発生する可能性がある。さらに、低水温下では体が熱を発生させるために通常の環境時より体力の消耗が強くなり、体力の消耗から泳ぐ強度が低下すれば、さらに低体温症が進行する。

〈予防方法〉

一般的に日本国内における競技会はほとんどが水温20〜28℃の間で行われているが、これらの水温範囲であっても、他の要因が合わさることで低体温症を生じる可能性は十分にある。特に一般競技者の競技会では競技レベルにも違いがあるため、水温に応じてウェットスーツの着用や距離の短縮、競技中止などの判断がなされる場合もある。環境状況によっては自分のレベルに応じて「無理をしない勇気」も必要である。

［ウェットスーツの着用］
国際水泳連盟（FINA）ならびに日本水泳連盟のOWS競技規則に則った競技会では、ウェットスーツの着用は認められていない。

4. 競技会での医事サポート | 111

〈症状・応急手当〉

　軽度の場合、体の震えや寒気、口唇のチアノーゼ、四肢末端のしびれなどが生じる。さらに深部体温が低下し中等度（33〜30℃）になると心拍数が低下し意識朦朧となり、震えは消失する。さらに体温が低下し30℃以下の重度になると幻覚や錯乱状態となり、心拍数の低下は著明となりやがて痙攣や意識消失を生じ、死に至る。

　軽度の状態で早急に処置することが大切である。速やかに水からあげ、タオルで全身を拭いた後、風が当たらない所に速やかに移動させ、暖かい毛布でくるむなどして保温に努める。濡れた衣服や水着も速やかに着替えさせる。そして、腋窩や鼠径部などの大血管の部位をカイロや湯たんぽなどで温める。中等度以上になると、急激な体温上昇は心不全や脳障害の危険を伴うため、保温をしながら速やかに救急搬送する必要がある。

③過換気症候群

〈特徴〉

　OWSではコースラインがなく、水底に足が届かないところで泳ぐなど、プールとは異なる環境のため、不安や緊張を生じさせやすい。強い不安や緊張、疲労などによって必死に呼吸をしようとすることで呼吸回数が異常に増加し（過換気）、体内の二酸化炭素濃度が低下することで症状が出現する。さらに、水を誤嚥し溺水につながる可能性もある。

〈予防方法〉

　精神神経症状を主体とする疾患なので、普段から十分にトレーニングを行い、海で泳ぐことに慣れておくことで不安や緊張が生じないようにする必要がある。レース中には接触によりゴーグルが外れるなど、さまざまな状況が起こりうるので、なるべく想定しておき冷静に対処していくことも大切である。繰り返し発症する場合は、心理的ケアやメンタルトレーニングも必要である。

〈症状・応急手当〉

　息切れや胸部圧迫感、動悸、四肢や口唇部のしびれ、ふらつき、めまいなど症状は多彩であるが、意識は保たれる。また、喘息発作を誘発することもある。症状が出たら、速やかに陸上に移動させ安静にした上で、中枢性疾患や心疾患、呼吸器疾患などの他疾患の症状がないかを確認する。過換気症候群の可能性が高ければ不安や緊張を取り除き、ゆっくりと深呼吸を行うことで症状は次第に改善する。それでも改善しなければ、ほかの疾患の可能性も考えられるため救急搬送が必要である。

④頭部外傷、脊髄損傷
〈特徴・予防方法〉
　入水時に飛び込むことにより水底や岩などに頭部を打ち付けて生じることがある。ローカルルールに則った国内各地の競技会では砂浜からスタートし走ってから入水する場合や、周回コースで一度砂浜に上がって再入水する場合があるため注意が必要である。特に水底の形状が不明なことも多いので、必ず足から入水し深く飛び込まないように心がける必要がある。できるだけ入水地点の深さをウォームアップの際に確認しておくことも大切である。

〈症状・応急手当〉
　外傷による出血や皮下血腫のほか、鼻出血や耳出血等があれば頭蓋底骨折の可能性もある。嘔気や嘔吐があれば、脳震盪の他脳挫傷や頭蓋内出血の可能性もある。麻痺や痙攣、意識障害などがあれば、脳障害のほか頸椎損傷も考えられる。溺水も生じうるため早急に水から引き上げる必要があるが、頸椎損傷が否定できないような症状がある場合は、水から引き上げる際にも頭頸部をなるべく動かさないようにする。引き上げ後は救急車を呼び、症状に応じて一次救命処置を行う。

⑤筋肉けいれん
〈特徴・予防方法〉
　OWSでは長時間泳ぎ続ける。そのように筋肉に長時間強い負荷がかかり続けた場合や準備運動不足の場合のほか、水分や塩分の不足、過換気状態などにより筋肉の緊張が亢進した状態の時にも生じる。いわゆる「こむら返り」である。水泳中に生じた場合は、溺水にもつながるため注意が必要である。ストレッチングやウォームアップをしっかり行い、競技中は塩分やミネラルの補給を十分に行う。

〈症状・応急手当〉
　皮膚や筋肉の違和感、ピクピクした感じが初めに生じ、その後筋肉の突っ張りや疼痛に変わり、競技を続けるのは困難なほどの疼痛や苦痛となることが多い。症状が出たら、速やかに競技を中止し、ブイなどにつかまり呼吸を確保する。呼吸が確保されていれば危険はないので、無理に水中から引き上げて症状が悪化することがないよう慎重に対応する。その後はストレッチングや水分・塩分・ミネラルの補給を行う。

⑥めまい
〈特徴・予防方法〉
　OWSにおいてめまいは、そのものの症状だけでなく溺水を伴う可能

性が高くなるため注意を要する。普段からめまいや動機などの自覚症状がある場合は、あらかじめ内科や耳鼻科で診察を受けて異常がないか調べておく必要がある。競技中には鼻から水が入らないよう注意する必要があるが、万が一水が入った場合や競技中に異常を感じた場合は、パニックにならないように一度顔をあげて落ち着いてから異常がないことを確認する必要がある。

〈症状・応急手当〉

　めまいの原因や症状は、立ちくらみや熱失神のような一過性の脳血流の低下するものから、内耳性の障害による回転性のもの、心不全や不整脈による血圧低下を伴うものなど多岐にわたる。前後左右が分からなくなるような症状が出現した際は特に危険なので、早急にレースを中止する必要がある。原因が内耳性や錐体内出血であれば特効薬はないので、水から引き上げ陸上で安静にする必要がある。心不全や不整脈に伴うものであれば、早急に救急搬送を要する。

⑦意識障害

〈特徴〉

　意識障害は単一の疾患名ではなく、多くの疾患により生じる症状の一つである。重要なのは、水中での意識消失は溺水から死に直結する危険な状態であるということである。いかに周囲が早く気づき、対処するかで生死が分かれる。意識障害を来す原因として主なものは、1) 心臓疾患 (不整脈、虚血性心疾患、心臓震盪など)、2) 脳神経疾患 (脳出血、脳梗塞、てんかん、頭部外傷)、3) 環境要因 (低体温、熱射病、溺水からの呼吸障害) が挙げられる。

〈予防方法〉

　普段のメディカルチェックをおいて予防する以外に方法はほかにない。定型的なメディカルチェックだけでなく、症状に応じた積極的な追加検査を行っておくべきである。

〈症状・応急手当〉

　呼吸がなければ一次救命処置を行う。呼吸がある場合は注意深く観察しながら救急要請をして救急隊の到着を待つ。

⑧溺水

〈特徴〉

　初心者の技術的な問題のみでなく、上級者においても寝不足や疲労、前日のアルコール多飲、接触による誤嚥などによって起こりえる。筋肉のけいれんや過換気症候群、めまい、心疾患や脳神経疾患においても二

次的な溺水が生じる可能性がある。死に至る危険なもののほか、一命を取り留めても重篤な脳障害を残すこともある。

〈予防方法〉

普段からメディカルチェックを行い疾患による二次的な溺水を防ぎ、レース前日の過度な飲酒を控え、十分な睡眠をとる。レース前には準備運動やストレッチングをしっかり行い、落ち着いた気持ちでレースに臨むことが必要である。

〈症状〉

意識がある場合は必死にもがいて暴れるため、救助者にも危険が生じる。救命用具を用いてしがみつかせる等、二次災害の発生にも注意する必要がある。他方、意識がない場合は、低体温症を生じ呼吸や脈拍が弱く、末梢の色も白くなっていることがあり、すでに死亡していると勘違いする場合があるが、そのような場合であっても救命処置に反応することがあるので、あきらめずに救命処置を行う。頭部外傷がある場合は脊髄損傷の可能性もあるため、水から引き上げる際や気道確保の際に頸部を動かさないよう注意する。口腔内に吐物がある場合や、救助中に嘔吐がみられる場合もあるため、気道に誤嚥しないよう注意する。

〈応急手当〉

一次救命処置が優先される。頸椎損傷の可能性があれば頸部を固定して引き上げ、すぐに脈拍と呼吸を確認する。前述のように、低体温の場合は死亡と判断せず、救急隊の到着まで救命処置を続け引き継ぐ。口腔内に吐物があれば指でかき出し、呼吸再開後の誤嚥を防止する。蘇生により息を吹き返すと嘔吐をすることがあるので、その際は側臥位にして誤嚥を防止する。蘇生に成功して意識が清明になっても、気道内に入った海水や淡水により二次性の肺水腫を来すことがあるため、帰宅させずに医療機関に搬送する。

⑨ **接触による外傷**

〈特徴〉

OWSではコースのない自然環境を大人数の競技者が一斉に泳ぐため、ブイ付近に限らず接触による外傷が生じる可能性がある。また砂浜での落下物や、水底での岩や石で外傷を生じることもあり注意を要する。また、外傷によりパニックになると過換気

図5-5 スタート前の様子　コースのない自然の中を泳ぐことになる。

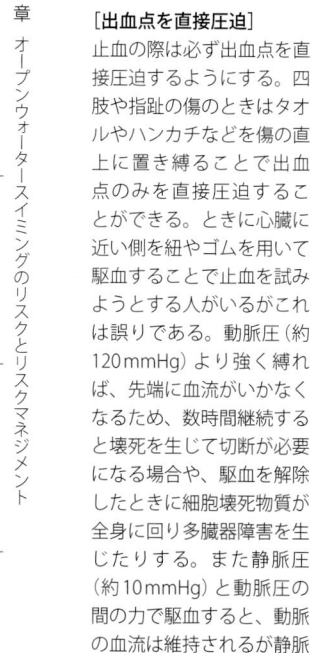

図5-6　スタート直後の混乱　スタート後は最初のブイに向かって一斉に泳ぐため、競技者同士の接触による外傷が生じる可能性が高い。

や溺水等を生じることもあるため、常にそのようなことを想定した冷静な対応が望まれる。

〈予防方法〉

　砂浜や水底での外傷に対しては、ビーチクリーンやレースコース上の整備などを行うことによってある程度は防げるが、自然環境である以上完全に防止することはできない。競技者自らも、サンダルを履いたり、水底に注意を払ったりしていく必要がある。外傷に関しては、下記に挙げるような危険なことが起こりうることを熟知し、故意の打撲などは控えるべきである。それでも不可抗力による接触・打撲はあり得るので、その際は冷静な対応、場合によっては競技を中止し治療を優先させるようにする。

〈症状〉

　胸部打撲による心臓震盪は、心静止を生じさせ溺水に至ることもある。また頭部の打撲から脳震盪や脳出血を生じ、めまいや意識障害を来し、やはり溺水に至るケースもある。裂創や挫創、切傷等の場合、OWSでは砂や石などの異物が混入する場合がある。後々に感染症を生じる恐れもあるため、最初の処置が非常に重要である。

〈応急手当〉

　意識障害や溺水のような場合は一次救命処置を速やかに行う。傷に対しては、水道水で十分に創部を洗浄し砂や異物などを除去する。出血がある場合は、清潔なガーゼやタオルなどで出血点を直接圧迫して止血を行う。異物が除去できない場合や、傷が深い場合は出血の有無にかかわ

[出血点を直接圧迫]

止血の際は必ず出血点を直接圧迫するようにする。四肢や指趾の傷のときはタオルやハンカチなどを傷の直上に置き縛ることで出血点のみを直接圧迫することができる。ときに心臓に近い側を紐やゴムを用いて駆血することで止血を試みようとする人がいるがこれは誤りである。動脈圧（約120mmHg）より強く縛れば、先端に血流がいかなくなるため、数時間継続すると壊死を生じて切断が必要になる場合や、駆血を解除したときに細胞壊死物質が全身に回り多臓器障害を生じたりする。また静脈圧（約10mmHg）と動脈圧の間の力で駆血すると、動脈の血流は維持されるが静脈から心臓へ向かう血流が阻害され、出血が増加してしまう。

らず縫合が必要となるため、速やかに医療機関を受診する。止血が難しい場合は速やかに救急搬送する必要がある。

⑩海洋生物による外傷

〈特徴〉

自然環境で行われるOWSでは、海洋生物との接触による外傷が生じることもある。サンゴ礁やウニなどの貝類や、トゲのある魚類やクラゲとの接触などさまざまなことが考えられる。

〈原因生物ごとの症状・応急手当〉

●**クラゲ**

アンドンクラゲ（図5-7）やカツオノエボシなどに刺されると激痛が襲い、その後に紅斑や蕁麻疹様の皮疹、ときに皮下出血や壊死を生じる。

呼吸困難や嘔吐、発熱などショック症状を来し、死亡することもある。なるべく海水で刺胞を洗い流し、アルコールや酢をかけて無毒化する。症状が強ければ医療機関を受診する。また、ショック症状があれば救急搬送する。

●**サンゴ**

サンゴの刺糸に刺されると皮膚炎を生じる。数時間から1日で痒みや水泡を伴う丘疹、発赤や腫脹を生じ、まれにショック症状を来す。表皮に棘や石灰質の骨格が残っていれば水で洗い流し、できる限り除去する。症状に応じ医療機関への受診が必要である。

●**ウニ**

無毒種のムラサキウニに刺された場合の症状は疼痛と発赤程度であるが、有毒種のラッパウニやイイジマフクロウニでは激痛や強い発赤腫脹が生じ（生じないこともある）、神経毒による嘔吐や呼吸困難などを来す。棘は完全に除去し、有毒種であれば救急搬送の必要がある。

⑪皮膚の擦り傷

〈特徴・予防方法〉

OWSでは長時間の泳動作によってウェアやウェットスーツと皮膚がこすれて皮膚炎が生じる。皮膚への刺激の強い海水中で、さらに好天の際は日焼けも合わさり、とくに多く発生する。あらかじめ日焼け止めのクリームやワセリン等のすれ防止のクリームを塗っておくようにする必要がある。

〈症状・応急手当〉

発赤程度から、表皮がむけて出血や腫脹が生じる場合もある。水道水で洗浄したのち、消炎剤の軟膏を塗布する。

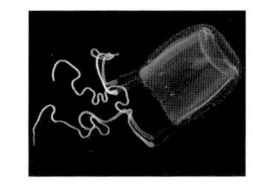

図5-7　アンドンクラゲ
（出典：日本ライフセービング協会.2013『サーフライフセービング教本 改訂版』大修館書店.p.65）

一次救命処置の手順

SECTION 5

　自然環境の中を泳ぐOWSは、通常のプールに比べて泳ぐ範囲が広いため、事故や病気が発生しても周囲に気づかれずに時間が経過してしまう危険性がある。そこでOWS関係者は、OWSで起こりうる事故や病気に関しての基本的な知識と現場でできる応急処置を理解し、実際に事故が起こった際に一刻も早く急病人を病院に搬送する対処方法を身につけておかなければならない。

　以下に心肺停止状態のような重篤な状況下でOWS関係者がとるべき一般的な一次救命処置を説明する。なお、本書における一次救命処置は、JRCガイドライン2010に準拠している。

1 一次救命処置の手順

　一次救命処置（以下BLS）とは、意識のない人を発見した時にその人を救急車に引き渡すまでにしなければならない一連の救命処置のことを指し、「心肺蘇生」「自動体外式除細動器（AED）を用いた除細動」「異物等で窒息をきたした場合の気道異物除去」などが含まれる。AEDや感染予防のための簡便な器具があれば誰にでもできて、特別な医療資材を必要としないことが特徴である。BLSの講習会は消防署や日本赤十字社、日本ライフセービング協会などで頻繁に行われているので、OWS関係者は必ず受講するべきである。

　ここでは、BLSの手順（図5-8）について、簡単に説明する。

①安全確認・確保

　傷病者を発見したら、さらなる危険に救助者が巻き込まれないように二次事故の危険性（OWSでは船の往来や砂浜のガラス破片など）を確認する。危険を冒して救助者が新たな傷病者になることは避けなければならない。そのため、すぐには傷病者に近寄らず、まず周囲の状況をよく観察する。そして、事故発生時の状況、事故の原因などを確認し、救助しに行くことが安全かどうかを判断し、傷病者の全身を観察し、意識や

[JRCガイドライン2010]
JRCとは日本蘇生協議会（Japan Resuscitation Council：JRC）のこと。2010年から国際蘇生連絡委員会（International Liaison Committee on Resuscitation：ILCOR）が監修した心臓救急に関する国際コンセンサス（CoSTR）をもとに、日本版の心肺蘇生のガイドラインを作成している。

[BLS]
Basic Life Supportの頭文字をとった略語で、一般市民が行う一次救命処置を意味する。なお、医療従事者が医療器具・器械や薬剤などを用いて行う二次救命処置はAdvanced Cardiovasculer Life Supportと言い、ACLSと略される。

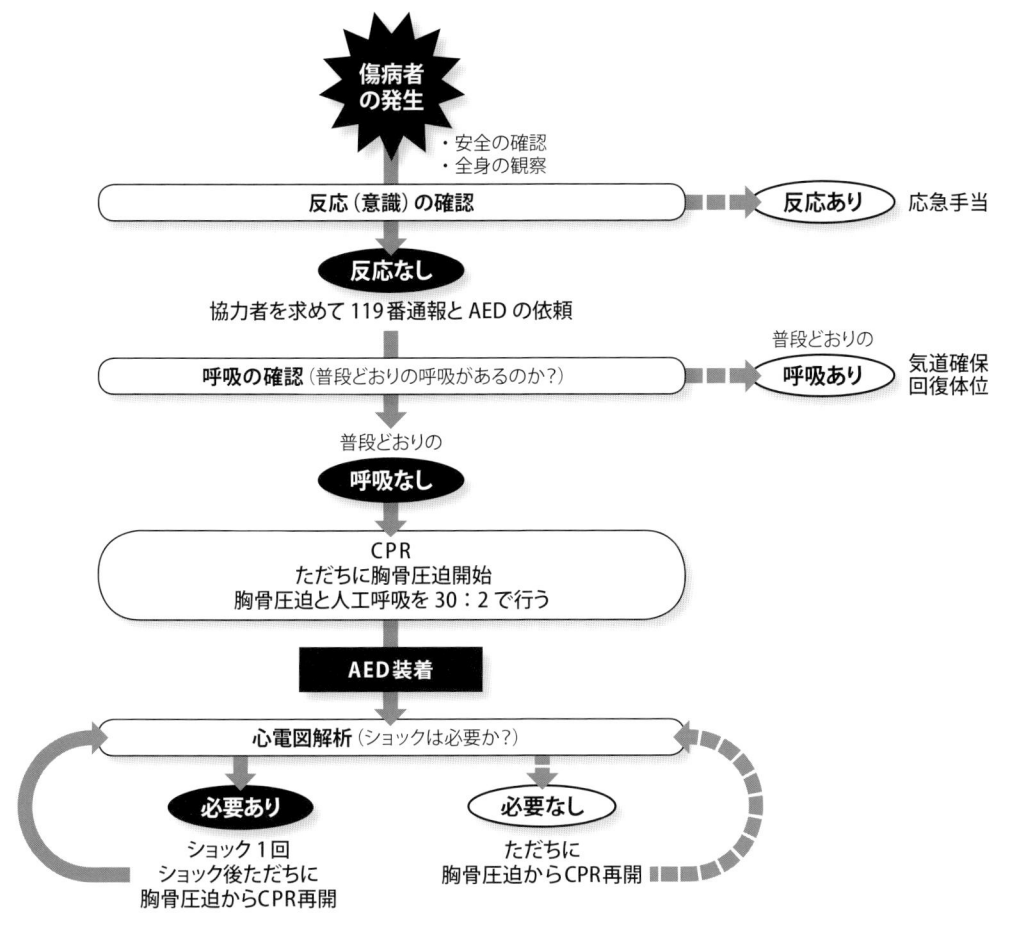

```
                    ┌─────────┐
                    │ 傷病者  │
                    │ の発生  │
                    └────┬────┘
                         │    ・安全の確認
                         │    ・全身の観察
                    ┌────┴──────────┐        ┌────────┐
                    │ 反応(意識)の確認 │ ─ ─ ─ ▷│反応あり│ 応急手当
                    └────┬──────────┘        └────────┘
                    ┌────┴────┐
                    │ 反応なし │
                    └────┬────┘
            協力者を求めて119番通報とAEDの依頼
                         │                              普段どおりの
                    ┌────┴──────────────────────┐        ┌────────┐
                    │ 呼吸の確認(普段どおりの呼吸があるのか?)│─ ─ ─ ▷│呼吸あり│ 気道確保
                    └────┬──────────────────────┘        └────────┘ 回復体位
                  普段どおりの
                   ┌────┴────┐
                   │ 呼吸なし │
                   └────┬────┘
                   ┌────┴──────────────────┐
                   │         CPR            │
                   │   ただちに胸骨圧迫開始    │
                   │ 胸骨圧迫と人工呼吸を30:2で行う │
                   └────┬──────────────────┘
                   ┌────┴────┐
                   │ AED装着 │
                   └────┬────┘
                   ┌────┴──────────────────┐
              ┌──▷│ 心電図解析(ショックは必要か?) │─ ─ ─┐
              │    └────┬────────────┬─────┘     :
              │    ┌────┴───┐    ┌───┴────┐      :
              │    │ 必要あり │    │ 必要なし │      :
              │    └────┬───┘    └───┬────┘      :
              │     ショック1回         ただちに         :
              │    ショック後ただちに    胸骨圧迫から      :
              │    胸骨圧迫からCPR再開   CPR再開        :
              │         │               │           :
              └─────────┴───────────────┴ ─ ─ ─ ─ ─ ┘
```

図5-8 主に市民が行う一次救命処置の手順

大出血等の有無を観察する。この際、救助することで救助者が感染しないように、手袋やフェイスシールド(人工呼吸を行う際に必要な感染防護具)など簡易な器具を用いて、可能な範囲で感染防止を行うことも大切である。

安全を確認できたら、すぐに次のステップ(②反応の確認)に進む。

②反応(意識)の確認

まず、傷病者の肩を叩きながら耳元で大きな声で呼びかける(図5-9)。この際、頭部の外傷や頸髄損傷の危険があるので、体や頭を大きく揺らしてはならない。

目を開けたり、何らかの返答があっても、意識が正常でない場合や目的を持った仕草がない場合は「反応なし」と判断し、すぐに次のステップ(③119番通報＋AEDの手配)に進む。

図5-9 反応の確認

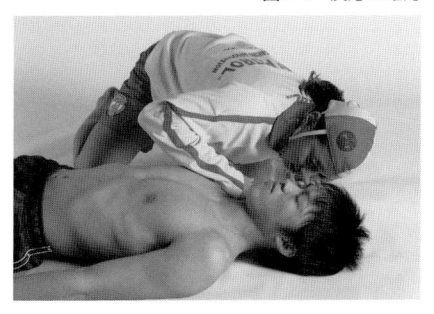

③119番通報＋AEDの手配

　傷病者の反応がない場合、「誰かきてください！」と声を出して協力してくれる人を求める。そして、救助者はできれば目の前の傷病者からは離れずに、協力してくれる人に「あなたは119番通報をお願いします」「あなたはAEDを持ってきてください」と119番をかけて救急車を呼ぶこと、そして近くにAEDがあれば持ってくることを依頼する。

　依頼ができたら、すぐに次のステップ（④呼吸の確認＝心停止の判断）に進む。

④呼吸の確認（観察）＝心停止の判断

　傷病者が正常な呼吸をしているか、胸や腹部の動きに注目して観察する（図5-10）。呼吸がない、または異常な呼吸（死戦期呼吸）をしている場合は、心停止と判断し、ただちに胸骨圧迫を開始する。

　※この心停止の判断に10秒以上かけないようにする。

　異常な呼吸（死戦期呼吸）とは、喘ぐような、しゃくりあげるような不規則な呼吸であり、心室細動など心停止直後でしばしば観察される。死戦期呼吸の判定は重要である。この死戦期呼吸を見て、「息をしている」と思い「心臓は動いている」と誤った判断をして、そのまま様子を見てはいけない。ただちに胸骨圧迫、そして必要ならAEDによる電気ショックを施行しなくてはいけない。

　普段どおりの呼吸がなければ、すぐに次のステップ（⑤胸骨圧迫）に進む。

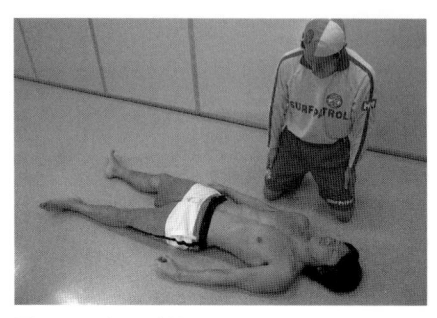

図5-10　呼吸の確認

⑤胸骨圧迫

　胸骨圧迫は、圧迫による胸腔内圧を高め、間接的に心臓のポンプの働きを行うことが目的である。そのため、有効、かつ十分な胸骨圧迫が必要となる。

〈圧迫位置の決め方〉

　胸の左右の真ん中（正中）には胸骨があり、その下側半分を圧迫する（図5-11）。一方の手のひらの基部（手掌基部）を胸の真ん中にそえる。その手の上にもう一方の手を重ねておく。力を手掌基部に集中させるため、重ねた手の指を組むとよい。

〈圧迫の方法〉

　胸骨に垂直に圧力が加わるように、救助者は両肘をまっすぐに伸ばし、肩が圧迫部位の真上に来るような姿勢をとる（図5-12）。圧迫は、傷病

図5-11　圧迫位置の決め方　　図5-12　圧迫の方法

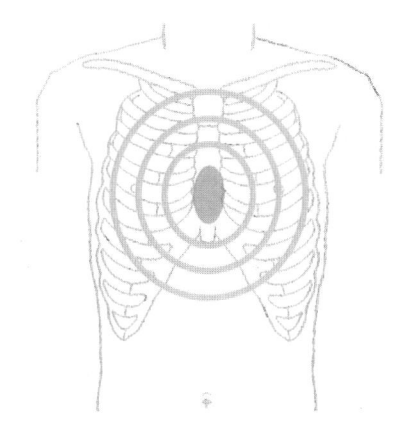

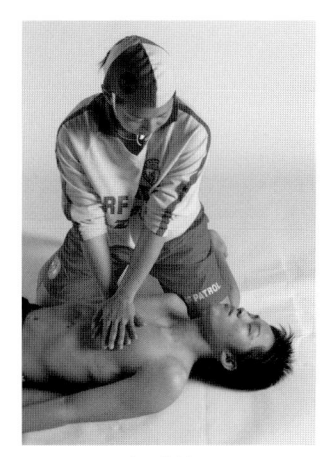

者の胸が5cm以上沈み込む程度の強さで、1分間に約100回以上のテンポで、30回連続で行う。圧迫後は胸部への圧力を完全に解除し、元の高さまで戻さなければならない。圧迫回数は連続30回が目安であるが、必ずしも正確である必要はない。

なお、救助者が疲れると圧迫が不十分になるため、交代できる者がいるならば、胸骨圧迫を適宜（2分を目安に）交代するのが望ましい。

30回の胸骨圧迫が終わったら、次のステップ（⑥気道確保）に進む。

⑥気道確保

救助者は呼気吹込みによる人工呼吸ができるように気道を確保し、空気の通り道を作らなければならない。救助者は舌根沈下による気道閉塞を解除するため、片手を傷病者の額に当てて押さえながら頭部を後ろに反らす（頭部後屈）。もう一方の手の指先を傷病者の顎の先端にあてて顎先を挙上する（図5-13）。

傷病者の気道を確保したら、次のステップ（⑦人工呼吸）に進む。

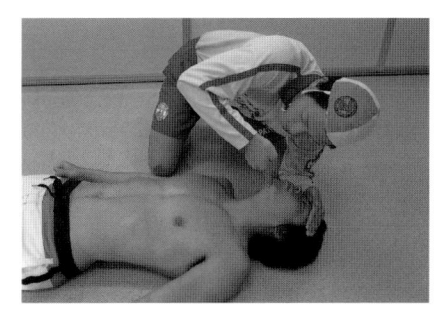

図5-13　気道確保

⑦人工呼吸を2回

気道を確保した姿勢を維持したまま、口を大きく開き、傷病者の口を覆い、密着させて息を吹き込む。吹き込む際は、吹き込んだ息が傷病者の鼻から漏れないように額を押さえている方の手の親指と人差し指で鼻をつまむ（図5-14）。吹き込む息は、約1秒間かけて傷病者の胸

図5-14　人工呼吸

が上がるのを見てわかる程度の量を吹き込む。一度吹き込んだら、いったん口を離し、傷病者の息が自然に出るのを待ち、もう一度、口を覆って息を吹き込む。口対口での人工呼吸を行う際は、感染防止のための器具（口を覆うシートやマスクなど）を使用する。1回目の吹き込みで胸が上がらなかった（吹込みが不十分）場合には、もう一度気道の確保をやり直してから吹き込みを試みるとよい。

2回目の人工呼吸が終わったら、すぐに胸骨圧迫へ移行する。

〈胸骨圧迫と人工呼吸の組み合わせ〉

その後は、胸骨圧迫30回と人工呼吸2回の組み合わせを絶え間なく続ける。

〈心肺蘇生を中止してよい条件〉

心肺蘇生を続けているうちに、傷病者が目的を持っていると考えられるような動作（救助者の手を払いのけるなど）や、うめき声をあげる、さらには普段どおりの呼吸が認められた場合は、回復体位をとり救急隊の到着まで観察を続ける。なお、普段どおりの呼吸が見られなくなったら、ただちに心肺蘇生を再開する。

心肺蘇生中に救急隊が到着したら、慌てて心肺蘇生を中断せず、救急隊員の指示に従って引き継ぐ。

なお、救助者自身に疲労や危険が迫り、心肺蘇生法の実施やAEDの使用が困難になった場合は一次救命処置を中止することもある。

⑧ AEDの装着

一次救命処置では、傷病者の反応の確認後に、必要があればAEDを用いることになる。協力者に要請したAEDが、④呼吸の確認以降に到着したら、処置を中断しAEDの装着を優先する。

詳細は次の項で解説する。

2 AED（自動体外式除細動器）の使用手順

AEDとは自動体外式除細動器のことで、機械が自動的に傷病者の心電図を解析して、電気ショックを行う器具である。一般市民でも講習を受ければ安全に使用できる。空港や駅、病院、学校などの公共施設には設置されてきており、OWSの競技会のおいても配備されるべきである。

ここではAEDの使用手順について、簡単に説明する。

① AEDの到着

心肺蘇生を行っている途中でAEDが到着したら、途中であっても胸骨圧迫や人工呼吸を中断し、すぐにAEDを使用する準備に入る。心肺

[AED]
Automated External Defibrillatorsの頭文字をとった略語で自動体外式除細動器を意味する。
傷病者の胸に電極パッドを貼れば、機器が心電図波形を自動解析し、電気的除細動が必要かを判断・表示し、必要ならば操作者がボタンを押すことで除細動を行うことができる器具である。以前は医療従事者のみに使用が認められていた電気的除細動器が自動化し、2004（平成16）年7月1日より一般の人の使用が限定的に認められたことにより、多くの公共機関に設置されるようになった。

蘇生を開始する前にAEDが到着した場合でも、AEDの使用を優先する。

AEDは人工呼吸や胸骨圧迫を妨げない位置（顔の横辺り）に置くと操作しやすい。

②**電源オン**

まず、AEDの電源を入れる。機種によって電源ボタンを押すタイプと、ふたを開けると自動で電源が入るタイプがある。

電源をオンにしたら、以降は音声メッセージと点滅するランプに従って操作する。

③**電極パッドの装着**

まず、傷病者の前胸部の衣服を取り除く。

次に、AEDのケースから電極パッドを取り出し、パッドに図示された貼り付け位置に従い、1枚は傷病者の胸の右上（鎖骨の下で胸骨の右）、もう1枚は胸の左下（脇の下5〜8cm下、乳頭の左斜め下）の肌に直接貼り付ける。このとき、電極パッドは傷病者の肌に密着させる（図5-15）。

〈特殊な状況での対応〉

傷病者の前胸部が水などで濡れている場合は、AEDの効果が不十分になる。その場合、乾いた布やタオルで前胸部の水分を拭いてから電極パッドを貼り付ける。

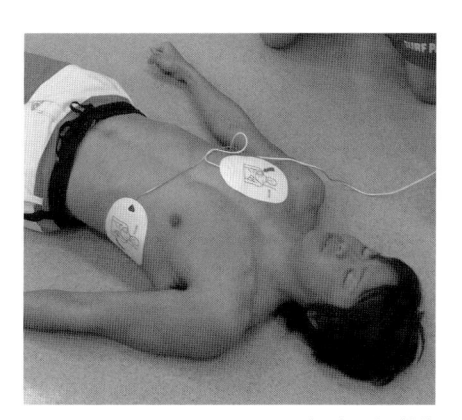

図5-15　電極パッドの装着

また、ニトログリセリン、ニコチン、鎮痛剤、降圧剤などの貼り薬や湿布薬が電極パッドを貼り付ける位置に貼られている場合は、AEDの効果が不十分になるため、それらをはがし、残っている薬剤を拭き取ってからパッドを貼る。

なお、皮膚の下に心臓ペースメーカーや除細動器が埋め込まれている（胸に硬いこぶのようなふくらみが見える）場合は、そのふくらみを避けてパッドを貼る。

④**心電図の解析**

電極パッドが傷病者の肌にしっかりと貼られると、「傷病者から離れてください」との音声メッセージがAEDから流れ、心電図の解析が自動的に開始される。

周囲の人だけでなく救助者自身も傷病者から離れ、誰も触っていないことを確認する（図5-16）。傷病者に誰かが触れていると、その振動で心電図の解析が正確に行われない可能性があるため、完全に離れさせる必要がある。

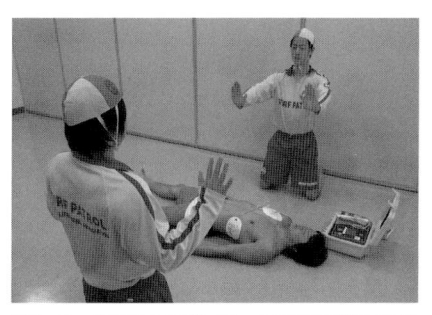

図5-16　傷病者から離れて、心電図の解析に入る

5.一次救命処置の手順 | 123

[AEDの手順]
AEDの要請
↓
❶AEDの到着
↓
❷電源オン
↓
❸電極パッドの装着
↓
❹心電図の解析
↓
❺電気ショックの指示が出た場合／電気ショック不要の指示が出た場合
↓
救急隊への引き継ぎ

※❸～❺は、音声案内に従って行う

⑤電気ショックの指示／電気ショック不要の指示が出た場合

　心電図解析の結果、電気ショックが必要な場合は「ショックが必要です」、ショックが不要な場合は「ショックは不要です」などの音声メッセージが流れる。

〈電気ショックの指示が出た場合〉

　心電図の解析後、「ショックが必要です」などの音声メッセージが流れたら、AEDは電気ショックを行うために自動的に充電を開始する。充電が完了すると、電気ショックを行うように音声メッセージが流れるので、それに従ってショックボタンを押し、電気ショックを与える。なお、ショックボタンを押す際、救助者も周囲の人も安全を確保するため離れなければならない。

　電気ショックの後は、「ただちに胸骨圧迫を開始してください」などの音声メッセージが流れるので、すぐに胸骨圧迫を行い、心肺蘇生を再開する。その後、2分間（胸骨圧迫30回と人工呼吸2回の組み合わせを5サイクルほど）経ったら、再度AEDが心電図の解析を始めるため、音声メッセージに従い、傷病者から離れる。以後、約2分間おきに、心肺蘇生と心電図の解析を繰り返す。

〈電気ショック不要の指示が出た場合〉

　心電図の解析後、「ショックが不要です」などの音声メッセージが流れたら、その後に続く音声メッセージ（「ただちに胸骨圧迫を開始してください」など）に従い、すぐに胸骨圧迫を行い、心肺蘇生を再開する。2分間（胸骨圧迫30回と人工呼吸2回の組み合わせを5サイクルほど）経ったら、再度AEDが心電図の解析を始めるため、音声メッセージに従い、傷病者から離れる。以後、約2分間おきに、心肺蘇生と心電図の解析を繰り返す。

⑥救急隊への引き継ぎ

　救急隊に引き継ぐまではパッドは貼り付けたままで、AEDの電源も入れたままにしておかなければならない。なぜなら、適切な手当によって呼吸や脈が回復しても、急に除細動が必要になることもある。その際にパッドを貼がさずに、電源を入れたままにしておけば、2分ごとに心電図を解析し、除細動が必要になったら、AEDが教えてくれるからである。また、心停止が続いている時は、胸骨圧迫を継続するようにAEDから指示が出る。

事故事例と
リスク要因

SECTION 6

1 国内外の事故事例

　OWSを含む水泳競技での事故は多くはない。しかし、事故事例から学ぶことも多く、まず近年の事故事例の概要を紹介する。

①2009年8月　神奈川県　58歳男性死亡

　1,300名強が参加した大規模大会の3kmレース。ウェーブスタートで300名がスタート。約10分後、最初の折返し地点（約500m沖合）付近にて、うつ伏せで浮かんでいる競技者をライフセーバーが発見。意識なしを確認し、人工呼吸を実施。レスキュー用ゴムボートでスタート地点へ搬送後、看護師も加わり心肺蘇生を継続。その後、救急隊員に引き渡し、病院へ搬送された。

②2010年6月　沖縄県　66歳男性死亡

　4kmを1チーム4名で泳ぐリレー。事故はレースの第3泳者が中継点の島まで残り約100mの地点で発生。参加38チームに対し33艘配備されたカヤッカーの1人が競技者の異変（背泳ぎになり、コースを外れ始め、唇が青ざめ）に気づき、ライフセーバーを呼び救助。浜で医師2名、看護師1名、ライフセーバー2名により心臓マッサージ、AED、注射等を施した。死亡原因は冠状動脈狭窄による急性心機能障害と診断された。

③2013年9月　福井県　62歳男性死亡

　浜から無人島までのワンウェイコース。ゴールの10～20m手前で意識喪失し動きが止まっている競技者を発見。ライフセーバーが救助艇に引き上げ船上で港へ搬送する間、そして救急車到着まで心肺蘇生およびAEDを繰り返し実施したが、搬送先の病院で死亡が確認された。

④2010年10月　アラブ首長国連邦フジャイラ　26歳男性死亡

　国際水泳連盟（FINA）主催のワールドカップ男子10kmレース。気温37℃、水温30℃以上の中での競技中、8km以降で競技者が死亡。他にも体調不良に陥る選手が発生。重度の過労（熱疲労）と心臓発作による

溺死とされている。

2 リスク要因

事故の状況は各々異なるが、どの事例も「気象状況、監視体制、競技者のコンディション」といった背景にあった事柄（条件）は共通している。

①気象状況

台風の余波等による波、うねり、風の影響は、海でのレースに不慣れな競技者にとっては特に、海水を飲むアクシデント、ペース配分の誤りや波酔い等による体調不良を生じさせる大きな要因となる。また、低水温のみならず高水温についても、疲労や体への負担を増大させる原因となる。

②監視体制

監視や伴泳の体制を維持しつつ直接競技者の救助にあたるライフセーバーや水上バイクの数に限りがあるのも事実であり、風波の影響で伴泳カヤック等が競技者の傍に付くのが困難な状況下や、さらに途中棄権者が相次ぐ状態の中では、監視の目が十分でなくなる危険性が生じる。また、浜から離れるワンウェイコースにおける事故発生時の搬送先の選択や、離島等地理的条件による救急体制の限界等も要因として挙げられる。

③競技者のコンディション

プールでの水泳経験は豊富でも、海のレースには初参加や経験の浅い中高年者の事故が多いという特徴がある。頑張り過ぎて無酸素状態となり泳ぎながら意識喪失するケースや、何らかのアクシデントで海水を飲んでしまい救助を要請することなく意識を失い水底に引き込まれるケースもある。

その他、慣れていないサイズの合っていないウェットスーツの着用や、前日の飲酒もリスクの要因として指摘されている。

3 再発防止のポイント

国際水泳連盟（FINA）ルールにおいては、2010年10月のワールドカップでの事故後、OWSサーマルストレスに関する検討がなされ、最低水温16℃に加え最高水温31℃以下の規定が新たに設定された。また、監視（安全担当員数）や救護体制の見直しも図られた。これに伴い、日本水泳連盟OWS競技規則においても、最高水温31℃以下の規定が設定された。競技会を計画遂行するにあたって主催者は、各種ルールやガイ

[競技者のリスク]
どんなに泳ぎの熟達者であっても事故にあう危険性があることを肝に銘じておく必要がある。

[運営側のリスク]
自然を相手にするOWSにおいて、主催者側がコース設定、監視体制等、いかに充分な安全対策を持って臨んだとしても、絶対安全はあり得ないことを忘れてはならない。

[サーマルストレス]
英語 thermal stress。温度の変化や温度分布の不均一性から生じる応力のこと。OWSにおいては人体への影響について検討がなされ、水温の規定が設けられている。

ドラインの変更にもしっかり追従していく必要がある。

　また、スタートとゴール地点が異なるワンウェイコースにおいては特に医師、看護師、AED の配置場所と緊急時の動線についても十分検討した上で安全担当員全員が把握し、加えて、競技者の異変の兆候に対する知識の共有を図ることも重要であろう。

　そして、当日のレース開催可否の判断においては、その気象状態の中で、十分な監視の目が行き届き、救助の体制を常に維持できるかが一つの基準となるであろう。

　一方、OWS レースに参加する者は、自己保全能力をしっかり身につけて臨む必要がある。特に初参加や経験の浅い競技者は、事前準備として、OWS クリニックをはじめとする海で泳ぐ技術や心構えを習得するための各種講習会に参加したり、OWS 検定を受検すること等により、自分の実力に見合った競技会を選定することも大切である。

　そして、自覚症状があまりなく身体検査等では見つけられ難い疾患が原因の死亡事故も発生していることから、十分な体調管理をしてレースに臨むのとともに、自分自身が少しでも通常とは違う体調の変化を感じた時には、絶対に無理をせず棄権する強い意志を持つことも大事である。また、既往症がある場合は、参加にあたり特に慎重な判断が必要であろう。

ロンドンオリンピック男子10km・スタートする平井康翔選手（中央）（提供：フォート・キシモト）

ロンドンオリンピック女子10km・力泳する貴田裕美選手（提供：フォート・キシモト）

OPEN WATER SWIMMING

第 6 章

競技会の
業務と運営管理

SECTION 1. 競技会の企画・準備
SECTION 2. 競技会の運営

競技会の
企画・準備

SECTION 1

1 競技会の企画・立案

①開催理念の策定

　OWSの競技会にかかわらず、イベントを開催するためには、明確な目的が必要である。イベントの実現には、多くの関係者の理解や協力、関与を促すだけでなく、さまざまな制約のある会場や施設などの手配が必要であり、それらを使用・活用するためには多数の関係者が賛同する大義が必要である。

　2020(平成32)年に東京でオリンピック・パラリンピックが開催されることが決まり、他の競技種目同様、OWSにおいてもより一層、普及・強化が各方面で取り組まれるようになるだろう。「競技振興」という開催目的に加え、「地域の海浜資源の有効活用」かつそれを活用することによる「環境保全意識の醸成」や、競技会の開催自身をスポーツツーリズムの振興と見立てた「(開催地の)観光・経済振興」といったことを競技会開催の理念にすることができる。

　いずれにしても、OWSの競技会を開催するためには、「開催地の特徴や条件のよさ」をはじめ、水泳もしくは遠泳の実施といった「OWSとの歴史や地勢的な親和性」、新たな「観光資源」の1つにするといったような開催理念を創案することが不可欠である。そのようにして作成された開催理念や目的に賛同する開催地の行政や関連機関、各地の水泳連盟・水泳協会、地元企業といった協力者や支援者などを数多く確保することが、競技会の成功と継続開催にもつながることになる。

②場所の選定

　開催会場の選定は、ロケーションが開催に適しているかを判断しなければいけない。潮流の有無や波高の高低、水温や透明度、水質や水底の形状などの「自然環境」と、公共交通機関の利便性や病院・宿泊施設からの距離などの「社会環境」がともに開催に適していなければ

表6-1 OWSに適した環境

自然環境
□ 開催時期に、水温は22～30℃の範囲か（日本水泳連盟OWS競技規則では最低水温が16℃となっているが、22℃を下回る状況でOWSを行うことは国内では一般的ではない）。
□ 開催時期に、透明度は高いか（常に透明度が低く濁っているような水域は、安全対策上、OWSには適さない）。
□ 水質に問題はないか（近くの川から生活排水や工場排水が注いでいるようなことはないか）。
□ 水深の形状は安全か（岸から10m以内で急に深くなっていないか）。
□ 水底の形状は安全か（岩場が多くないか、浅瀬が点在していないか）。
□ 開催時期に、波の高さは高くないか。
□ 開催時期に、潮の流れは強くないか。
□ リップカレントができにくい水域か。
□ 砂浜の広さは十分か（大勢の競技者が待機できるスペースがあるか）。
□ 開催時期に、クラゲやその他の危険生物が多くないか。

社会環境
□ 地元の協力を得られるか（自治体、漁協、商工会議所など）。
□ バス・鉄道などの公共交通機関の利便性が高いか。
□ 駐車スペースが近くにあるか（諸機材の搬入などに支障がないか）。
□ ホテルや民宿などの宿泊施設が近くにあるか。
□ 病院や診療所などの医療機関が近くにあるか。
□ 開催時期に、道路状況は悪くないか（渋滞がひどくないか）。
□ 海の家、更衣スペース、シャワー、トイレなどが充実しているか。
□ 定置網や漁港は近くにないか。
□ 開催時期に、漁船・レジャーボート、ジェットスキーの航行頻度は高くないか。
□ 他の海水浴場との距離は十分保てるか。

ならない（表6-1）。

　日本国内においてOWSの競技会を開催するためには、地元の自治体、公共団体、民間団体の協力が不可欠である。なぜなら、海、川、湖は公共の場であるとともに生活の場ともなっており、利用に際してはさまざまな法令の規制や制約をクリアしなければならないからである。少なくとも、都道府県知事に対する「水域（海上）・海浜（浜）の使用許可」「公共財産使用料の支払い」（場所によっては減免申請）や漁業組合への「海面使用許可」、あるいは定期航路を運航している船会社の許可申請、また海上保安庁、水上警察への届けといった手続きを行わなければならない。

　この一連の手続きをスムーズに行うには、地元組織や関係者の理解と調整が必要である。また開催リスクを最小限に抑えるためにも、地元住民の方々の経験に基づいたアドバイスや協力をいただくことは不可欠である。また、このような手続きや交渉を1つ1つ調整していく中で、支援の輪が広がり、安全に競技会を開催する環境や協力体制が整っていく。

③開催日の選定

　天候や水温が適しているか（たとえば、梅雨や台風のシーズンは避けるべき）、他のイベントと重ならないか（ヨットレースやプールでの水泳大会など）、地域にとって最適な時期であるか（当日の海浜の利用者数や道路状況など）といったことを考慮して選定する。

④コース・種目・距離の決定

　開催場所の地理的条件や、競技会の目的により、コースや距離が決定される。コースは片道か周回か、競技会の目的は競技志向か参加・完泳志向かといったことを考慮して決定する。

⑤募集定員の決定

　競技会の予算や手配可能な競技役員・ライフセーバーの人数などから、競技者の適正な人数が決定される。日本水泳連盟の『オープンウォータースイミング（OWS）競技に関する安全対策ガイドライン』では、「安全救護員として、ライフセーバーは（競技中の）競技者20名に対して1名以上確保することが望ましい」とされている。しかし、これはあくまでも目安であり、参加する競技者のレベルはもちろんのこと、手配するライフセーバーの力量や経験にもよるため、担当するライフセービング団体と協議のうえ、募集定員を決定することが望ましい。

⑥競技会要項の作成

　競技会要項は、これまでに挙げた5つの事項を漏れなく盛り込み、競技会の趣旨や計画の骨子を記載する書類である。競技会の関係者は多岐にわたり、また初開催となると各種の利害調整も必要になるため、すべてを従前に決定することは難しい。そのため、この競技会要項をもとに、競技会の開催計画を作成し、周知を行い、各種申請書を提出して許認可を得て開催準備を進めていくことになる。競技会要項に必要な記載事項には次のようなものがある。

■ 競技会要項に必要な主な記載事項

　競技会名称／主催者名称／後援者、協力者／開催場所／参加料／参加料の支払い方法／コース概要（距離、種目）／開催日のタイムスケジュール／競技ルール／参加資格／予想水温／水域の情報（波高、潮流、透明度）／賠償請求の放棄に関する説明

　また、競技者を募集する際に利用する募集要項や申込書（エントリーフォーム）なども、要項の記載事項が基本となる。そのため、これらの事項は、募集前までに協議し決定しておかねばならない。ただし、後

[ライフセーバーと泳者の人数指標]
日本水泳連盟の「ガイドライン」では、FINAが策定した『OPEN WATER SWIMMING MANUAL』（2006年）に明記されている「80名の競技者に対して1名の救急医療専門家を最低限確保することが望ましい」「水上の安全担当者は競技者20名に対して1名確保すべきである」という内容が紹介されている。しかし、日本国内での多くの競技会では主な参加者はトップスイマーではなく、中高年齢者を中心とした水泳愛好家が主であり、トップスイマーに比べてリスクが高くなる。そのため、競技会の規模（コースレイアウト・距離）や競技者の競技レベルに応じて、安全救護員としてライフセーバーは（競技中の）競技者20名に対して1名以上（状況に応じて増員することも含む）を確保することが望ましいといえる。「ガイドライン」は、日本水泳連盟のホームページhttp://www.swim.or.jp/）に公開されている。

援者や協力者などは、正式に決定していない場合、または準備が進むにつれ増える場合もあるので、「予定」などの表記とともに記載しておき、要項作成を進める場合もある。

⑦収支予算の立案

収支計画とは文字どおり、収入の見込（収入計画）と支出の見込（支出計画）を立案することである。

収入は、参加料、企業からの協賛金や競技会プログラムなどへの広告料、そして自己負担金などが挙げられる。自己負担金は、多くの競技会が実行委員会という形式で、競技会開催にかかわる主要な団体や開催地自治体等で構成されるため、開催地の自治体からの補助金や助成団体からの助成金で賄われる場合が多い。なお、前回大会からの繰越金があるのであればその活用もありうる。

支出は、開催に必要な経費が対象で、項目の分類や整理の仕方はさまざまあるが、競技会の開催準備とある程度、同調させて整理すると、「参加者の募集管理」「会場管理」「物品および機器・機材の調達・借用」「安全管理」「競技会の広報」といったものが挙げられ、費目で分類すると「謝金」「旅費交通費」「借料・損料」「消耗品費」「用具・備品・消耗品費」「印刷製本・通信費」「委託費」「会議費」等が挙げられる。

いずれにせよ要項の作成と合わせ、収支計画を立案することが競技会構想の先決事項である。その際、収支計画を最初から厳密に作成するのではなく、競技会の規模や内容を見極めるためにも、まずは必要最低限の支出を洗い出し、支出規模に見合った参加料の精査・設定をしてみることが肝要である。

初開催の競技会では、最初に支出を試算する場合、支出の10〜20％程度の予備費を見込んでおくとよい。初回は、どんなに綿密に準備が進行しても、予想外の事項が発生する。予備費はそれらに対処する際の保険として考えればさほど支障がない。準備の進行と合わせ、費用も精緻になるので、適宜、予備費を見積もり額の増減に合わせて調整費として転用していくことで収支管理をスムーズに行うことができる。

またOWSは、屋外の自然環境下で開催されるため、台風や地震やそのほか想定外の事項で開催が事前および当日に中止になることもある。その場合、「受益者負担の原則」と「開催準備が履行し費用は発生している」ということで、参加料の取り扱い（返金の有無）についても募集要項などで記載することが重要である。

競技会の場合、着想から開催までに数年を要する場合もあり、開催準

[支出の試算]
支出の試算を行う際には、他の競技会の事例や決算情報などが入手できれば、この作業は比較的容易に進行する。ただし、決算の子細は非公開の競技会が多いため、継続開催されている競技会の参加人数や参加料などを参考にし、収支を推計することも肝要である。

備にかかる企画や調査の費用、また関係者との協議・調整や競技者の募集や広報にかかる運転資金（現金）も必要である。主催組織に潤沢な資金準備があれば別だが、そうでない場合、競技会開催前までに入金が見込める可能性がある参加料も重要な運転資金源である。協賛金や補助金などは開催後の入金になる場合がほとんどで、開催中止の場合は、契約内容によっては、支払われないこともある。したがって、収支計画とともに、開催準備から開催までの資金繰り（現金管理）の目途を立てることは重要な財務といえる。いずれにせよ、競技会にかかる予算管理のポイントは、できる限り効率的かつリアルタイムに取り組めるかにかかっている。

2 開催の準備

①各種申請と事前連絡

　競技会開催にあたっては、海浜や公園、港湾施設などを利用することが多いため、地方自治体やその外郭団体との連携が欠かせない。それらの諸施設を利用するためにも、まずは開催地の自治体の後援名義を取得することから着手するとよい。

　競技会を開催する場合、開催理念にもよるが少なくとも「OWSの振興（スポーツ振興）」「開催による経済効果や地元活性化」「海浜の有効活用」などの理念などが盛り込まれることが多いため、前述した競技会要項（案）を作成し、各々の所管課（スポーツ振興ならば教育委員会もしくは首長直轄部局）、地域の経済活性の側面からならば観光や商工関連部局、海浜利用であれば建設や公園担当部局など）を個別に訪問し、開催する競技会の主管部もしくは課を特定し、その部課から後援名義を取得する手続を行うことになる。

　その後、開催準備の進行にあわせて、施設利用や競技会開催にあたって必要な申請手続きを整理しながら、海・河川・湖の使用に関する制限条項を確認し、同時に申請に必要な書類作成に着手し、最終的には、担当課を通じ、各種申請および許可を取得するという流れになる。

　また、地元警察や消防、海上保安庁、病院等の医療施設や漁協および近隣港湾の事業者等にも事前連絡を怠ってはならない。すべての面で自治体や開催地域の関係組織の協力を取りつけ、理解を得ることが競技会開催の絶対条件となる。

　なお、主な申請内容を下記に列挙しておく。

　（a）後援名義の利用申請

（b）海面の利用や開催会場等で利用する公園の利用申請
　　　（水域公共空地占用許可申請、公園占有許可申請など）
　（c）備品借用書
　（d）特別地域内工作物（改・増）築許可申請書
　（e）公共財産使用料（手数料）減免申請書

②競技会スタッフの役割分担と確保

　競技会のスタッフは、呼称はさまざまではあるが、主として「競技役員」「安全救護員」「運営管理員」の3つに種別すると整理がしやすい（図6-1）。

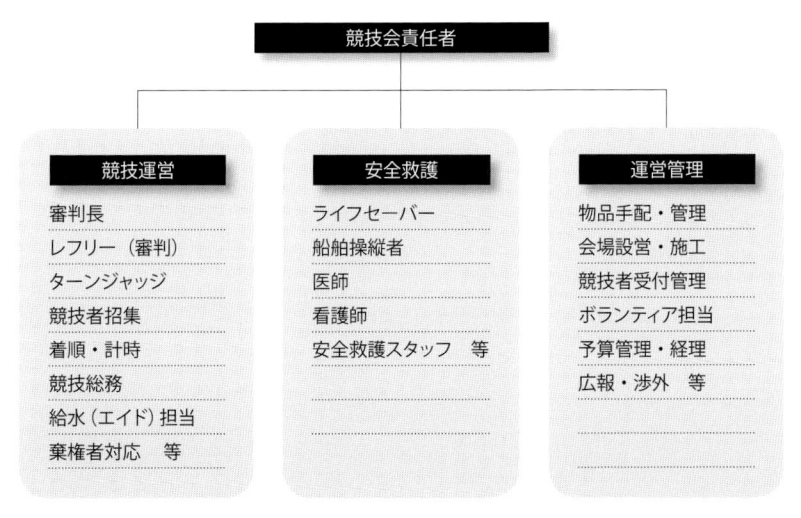

```
                    競技会責任者
        ┌──────────────┼──────────────┐
     競技運営          安全救護          運営管理
     審判長           ライフセーバー      物品手配・管理
     レフリー（審判）   船舶操縦者        会場設営・施工
     ターンジャッジ     医師             競技者受付管理
     競技者招集        看護師           ボランティア担当
     着順・計時        安全救護スタッフ 等  予算管理・経理
     競技総務                          広報・渉外　等
     給水（エイド）担当
     棄権者対応　等
```

図6-1　競技会スタッフの役割

〈競技役員〉

　競技役員は、審判長、各審判員（レフリー、ターンジャッジ、着順審判員など）や競技者招集、計時管理といった競技を統括管理する。日本水泳連盟OWS競技規則に従い、競技役員は配置されるのが望ましい。開催規模や目的により、役員配置を整理・検討の上、主任を選任し、各役員の統括管理を任せると効率かつ機動的な競技進行が実現できる。

〈安全救護員〉

　安全救護員は、ライフセーバーをはじめとする競技中の安全管理や棄権者の確保・搬送および救護・救命を担う「海上スタッフ」と、傷病者が発生した際の応急処置や医療機関への搬送判断などを担う「陸上スタッフ」の2つに大別できる。

図6-2 競技者に接近できるレスキューボート

図6-3 救助用にスレッドを装着した水上オートバイ

● ライフセーバー

　ライフセーバーを配置することで、機動力がある水上オートバイと安全かつ慎重に競技者に接近することができるレスキューボードといった小回りの利く万全の救助体制を整えることができる（図6-2）。水上オートバイにはレスキュー用のスレッドを後部に装着してもらうと、救助の際に溺者等を迅速に砂浜まで運搬することができる（図6-3）。

　通常、競技会のライフセーバーは、開催地やその近隣のライフセービング関連の団体やクラブに依頼するが、OWSにおける安全管理や救護および搬送技術は、通常の海浜での活動では行われない特殊性が高いもののため、OWSでの実務経験がある方を中心に人員を編成した方が望ましい。もし初めてOWSの競技会運営に携わる団体であれば、他団体の経験者にリーダー的役割としての参画を依頼するとよい。競技者同様、ライフセーバーも経験が大切である。また、競技会の開催前には、医療関係者・救護担当との打ち合わせを行っておくことも大切である。

● 医療関係者

　医師や看護師、救急救命士は、できるだけOWSの競技会等での実務経験がある人を手配するのがよい。もし初めてであれば、事前にOWSの競技特性などを説明し、救護体制を万全に整えてもらうことが大切である。なお、競技会に向けて、ライフセーバーのリーダーとの打ち合わせもしておくとよい。

　最近は、心肺蘇生やAEDの使い方、応急手当などの各種講習が各地で頻繁に開催されているので、上記2種のスタッフだけでなく、競技会にかかわるすべてのスタッフへも受講を促し、安心で安全な競技会の開催の気運を醸成することは競技会を長く継続させるためにも重要な取り組みである。

〈運営管理員〉

　OWSは、海上と陸上で競技者をマネジメントしていく競技会である。その際、多くの機材を使用し、物品を手配・管理して提供し、海上のブイや陸上でのテントやスタートおよびフィニッシュゲートなどの仮設物の設営を行う。加えて、競技者の受付やナンバリング、招集、完泳者や棄権者への対応のほとんどは、人力で行われる。したがって、前記した

「競技役員」「安全救護員」と合わせ、それらに対応するスタッフの確保と役割分担、指揮命令系統の構築は非常に重要である。

●**受付・ナンバリング担当**

競技者の受付を行い、上腕部や肩甲骨付近にエントリー番号を表記する（図6-4）。受付の際、賠償請求放棄の承諾書を、競技者の署名がなされていることを確認のうえ受領する。

図6-4　競技者へのナンバリング

●**招集担当**

招集エリアへの競技者の誘導および最終人数確認を行う。ここで最終確認された人数と受付時の人数が一致するまでは決してレースをスタートしてはならない。人数不一致の場合は、何度でも人数確認をしなければならないため、招集エリアへの競技者の誘導は慎重に行うとともに、競技者が一度招集エリアに入ったら、退出できないような囲いを設けておく必要がある。招集担当は非常に重要な役割であるため、ボランティアに任せるのではなく、競技役員が任務を遂行する場合が一般的である。

●**給水担当**

競技会は暑熱下で開催されることが多く、数kmの距離を完泳する競技者にとって、レース前後の水分や栄養補給は欠かせない。そのためにスタート前やゴール後にドリンクや補給物を提供するスタッフも必要である。これらのサービスの提供は予算との兼ね合いもあるが、競技者の熱中症や脱水の予防などを考えると、配置が望ましいスタッフである。

その他、海上で棄権した競技者を海上の船舶上で引き上げたり、陸上側で同伴し救護所へ搬送したり、ゴール会場まで同伴したりする「棄権者対応係」や競技者の手荷物を預かり管理する「手荷物係」など競技会や実施内容次第で、さまざまなスタッフが必要になる。

したがって、事前に競技会の企画や内容と必要な業務の洗い出しを行うとともに、先に開催される競技会を視察するなどして、運営方法を研究することが求められる。

〈ボランティア〉

開催地の協力を促し、競技者以外の多くの方々にOWSを周知するためにも、ボランティアの活用も積極的に行いたい。そのためにも、競技会全体の中でボランティアなどの役割を担って、どれくらいの人員体制（人数や配置ポストなど）で活動してもらうかを早期に検討し、少なくとも開催1ヵ月前には募集・確保を完了の上、スタッフリストを作成し

ておきたい。そして、マニュアルを準備し、開催までの1ヵ月間に事前に説明会などを行い、競技会や活動内容について周知・確認しておくことが望ましい。

　ボランティアの確保が大規模になるような場合は、役割ごとに団体を充てると、当日の活動上もスムーズに展開されるので効率的でもある。したがって、そのような判断を行うためにも、運営スタッフの中には、ボランティアの募集や確保、ならびに管理を行う専従担当者を配置すると準備もスムーズに進行する。

③競技会の告知およびエントリーの開始

　競技会要項にもとづきエントリーフォーム（申込書）を作成し、主催者自身のホームページ、地方自治体や協力団体の広報やホームページなどで告知を行う。ポスターを制作する場合もある。テレビ、ラジオ、新聞などのマスメディアを活用する場合は、プレスリリースを作成し、公式の競技会要項を添えて少なくとも開催1ヵ月前には送付する。エントリーフォームに必要な記載事項には次のようなものがある。

■ エントリーフォームに必要な記入項目

　氏名／性別／生年月日／年齢／住所／電話番号／所属チーム名称／賠償請求放棄の承諾についての署名および日付／競技歴（OWSの競技歴：参加競技会名・距離・記録／競泳の競技歴（1,500m/800m自由形の記録）

④注文品の手配

　注文品は、開催内容（利用する会場や提供するサービスなど）により異なるが、前述したように「競技」「安全救護」「運営」の3つの視点で大別して洗い出しと整理・分類のリストアップすることが望ましい。その際、先に開催された競技会を参考に、自ら洗い出しを行うことも可能であるし、専門性や特殊性がある機材機器や備品が必要な場合は、委託先の専門業者に依頼する方法もある。文具や消耗品などは、在庫を管理さえできれば、次年度以降も継続して使用できるため、最終的には、余裕を見て発注していくことも肝要である。

　いずれにしても、競技会の内容を協議・検討するにしたがって、関係者から必要物品として指定されるものも多々あるため、企画・準備段階から物品名に加え、調達方法（1）調達者、2) 購入か借用か、3) 納期（予定）はいつか、4) 金額（概算）など）について整理した物品リストを作成することが望ましい。準備が進行する段階で、購入や有償での借用で

はなく、協力者や協賛者からの無償貸与が実現することも多々あるため、リストを更新し、進捗を的確に把握していくことが望ましい。

　なお、以下には、競技会で特に必要な物品について列挙しておく。

〈スイミングキャップ〉
　競技者の安全対策上、海上や海中からも視認しやすい明るい色のキャップを手配する。種目ごとに色分けするとなおよい。

〈賞品〉
　一般的に賞状、盾、地元の名産品の類が多い。前述したスイミングキャップもデザイン性やオリジナル性が高いとそれだけで賞品として価値はある。さまざまな方からの協力があれば無償提供品も多くなるが、参加者や入賞者数と参加賞の数量の調整も肝要であるので、あらかじめ必要賞品数などについては精査し、数量を決定しておくことが無難である。

〈スタッフ用Tシャツ〉
　本来はスタッフの役割ごとにその識別が主目的で明るく目立つ色で制作する。自治体やお世話になった方々への御礼品としても活用できるため、その人数分をスタッフ数に加えて発注する。

〈ワセリン〉
　競技者がクラゲに刺された際の傷を軽減するために、出泳前の塗布を推奨したい。主催者側で余裕があれば準備をしてもよいが、二次要項などで事前に、競技者に準備を促すだけでもかまわない。

〈ナンバリング用のマジック〉
　競技者管理のために、各競技者にナンバリングを行うために用いるが、前述のワセリンなどを塗布され記入できなくなることもある。そのため、あらかじめ使用できるかを確認するなどしておくとよい。また、塗布後の記入ができるようアルコールなどを用意して塗布したワセリンを落として記入するような対応も必要である。

〈無線〉
　OWSの競技会は、水上と陸上に多数の関係者がおり、同時にいくつもの業務が進行していく競技会である。安全管理上も、競技者だけでなく、会場の観天望気や今後の気象変動や潮流や波高の予測など、リアルタイムで現況を交信・共有するためには、携帯電話のような「1対1」ではなく、「1対多数」のコミュニケーションを確立できることは業務の効率性を飛躍的に向上できる。比較的安価なレンタルサービスなどもあるので、予算上で調達可能であれば活用をぜひともおすすめしたい。その際、使用人数とその連絡系統の整理、また使用や交信方法の確認を

あらかじめマニュアル化しておくことも重要である。携帯電話も含めて、通信機器の効果的な利用は、競技会の成否の鍵を握るといっても過言ではない。

〈その他〉

コンピューター計測機器、ディスプレイ用クロック、ストップウォッチ、各種書類作成用のプリンター、スタートホーン、ブイ(浮標)などが必要になる。

⑤二次要項の送付

「最終要項」ともいう。追加で連絡すべき事項を含めて、その時点で競技者に伝達すべき事項を整理してすべて盛り込んで送付する必要がある。書面での通知だけでなく、インターネット(電子メールやweb、SNSサービスなど)を利用して、効果的に周知することも可能である。

また、競技者に直接コンタクトする媒体として捉えることもできるので、協賛社に協賛メリットとして、商品やサービスの場として提供することも可能である。

⑥プログラムの作成

エントリーデータに基づき、プログラムを作成する。競技者の人数に加え関係機関へ提出するため、多めに印刷しておく必要がある。

⑦マニュアル

これまでの述べてきたような開催の準備状況を整理して、進捗を確認しながら、マニュアルを作成していく。特に初開催の競技会の場合は、すべてが初めての取り組みであり、企画・準備も手探りをしながらの進行が多い。そのために、関係者の役割分担や業務の進行状況の把握も兼ねて「運営マニュアル」という形で、定期的に資料として共有し確認し合っていくことは業務の効率的な推進にもなり、各担当者もその提示のタイミングを1つの通過点(マイルストーン)として設定することができる。そのため、マニュアルを作成すること自体が、業務管理のツールや機会として活用ができる。マニュアルの更新、共有、校正を繰り返しながら競技会の準備を滞りなく漏れなく進行しているかを管理していく。

3 競技説明会の開催

OWSは競技の条件や環境が、競技会ごとに異なる。そのため、レース開始前日までにすべての競技者に対し、次に挙げる競技会に関する情報を告知し、説明しなければならない(図6-5)。

[マニュアル]
OWSの競技会におけるマニュアルの一般的な構成や記載が必要な事項は次のとおりである。詳細は競技会ごとに特徴が出るので、各競技会に合わせ、適宜、編集をしていただきたい。

○マニュアルの構成例
(記載事項)
・開催要項
・競技会スケジュール(当日の日程のみならず、募集や広報、申請期限、設営ならびに撤去等も含める)
・参加者情報(申込人数、スタート順や泳者番号、スイミングキャップ色など)
・会場の例年の気象条件(水温、風速、視界、波高、潮流等やその観測方法や観測位置)や当日の天候確認やその告知方法
・会場およびコース図
・実施組織体制(組織図、スタッフの役割分担表、無線など通信機器と合わせた連絡命令系統図など)
・物品リスト
・安全管理および救護方法や体制(棄権者の搬送方法など)
・競技会の中止基準やその決定方法および連絡・周知方法

(主な説明事項)
- コース図および会場レイアウト
- レース中の留意事項(競技者向け)
- 競技会スケジュールの詳細
- 競技者の緊急および棄権サインとその伝達方法
- 安全対策の規模・体制・方法
- スタート・ゴールの方法および計測方法
- コース閉鎖時間と棄権者のピックアップ方法
- レース当日の天候悪化に伴う中止および
  コース変更の対策とタイムスケジュール

※必要に応じて、レースの前、中、後(撤収時も注意)の天候(予測)と観天望気なども伝達することが望ましい。

図6-5 競技説明会の様子

4 設営業務の内容とポイント

十分に調査して選定した会場であっても、台風の後などは波高が高く、水の透明度が低いばかりでなく、水底にごみや瓦礫が残っている場合がある。また、波の影響で砂浜の傾斜や形状が一夜にして変わっていることもある。自然環境は常に変化することを肝に銘じて、競技会当日の会場コンディションを整えることを忘れてはならない。

①陸上での設営内容

スタート、およびゴールゲート、受付登録や競技会本部、そして医療・計測用のテント、招集エリアなど設営する(図6-6)。

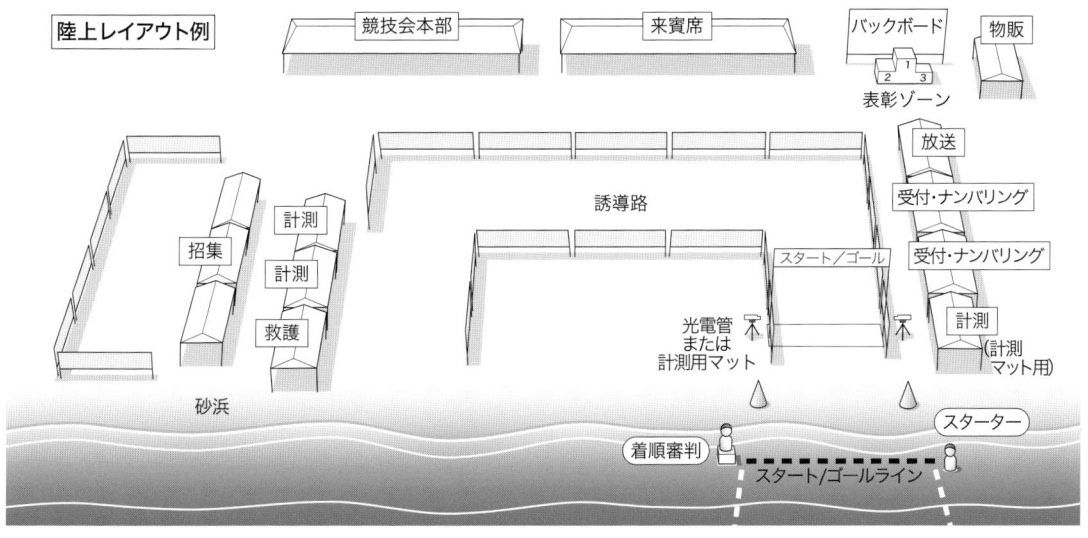

図6-6 競技会の陸上レイアウト(陸上ゴール)の例

1. 競技会の企画・準備 | 141

②水上での設営内容

コースデザインに従い、あらかじめGPSで設定したブイ（浮標、図6-7）を設置する（図6-8）。泳者が密集するスタートおよびゴール付近に50mほどガイド用のコースロープを張ると、安全性が向上すると同時に見映えもよくなる。

図6-7 ブイの設置準備

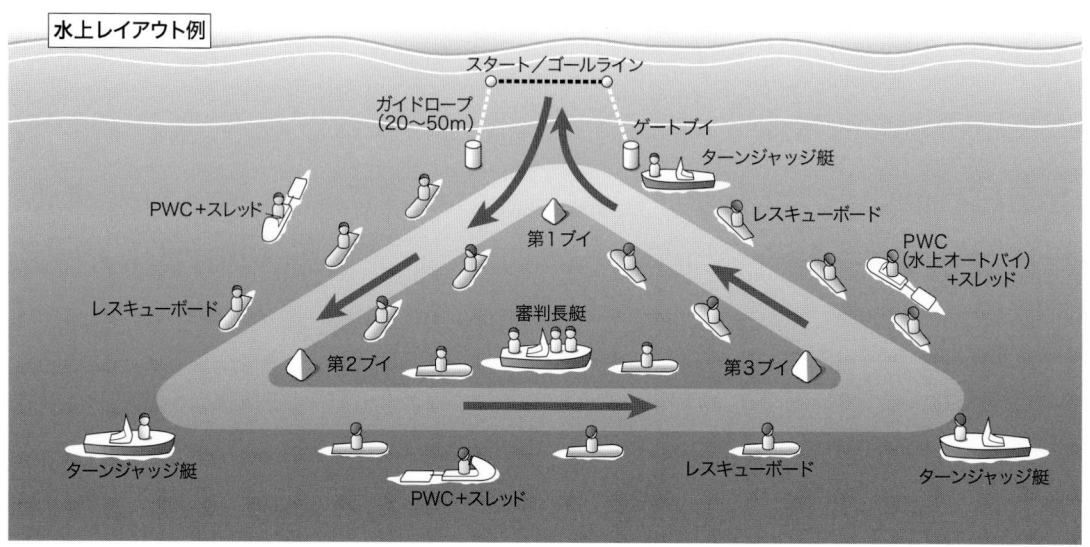

図6-8 競技会の水上レイアウトの例

競技会の運営

SECTION 2

1 天候の確認

　OWSは屋外で行われるため、常に天候の急変に備えておかなければならない。競技会当日早朝での気象状況の判断による開催可否の判断は当然ことながら、競技会開催中も、定期的に天気予報を確認したり、地元の測候所などに問い合わせを行ったりするなど、天候状態の推移を絶えず把握しておくが必要がある。一般的に午前中の方が天候は安定しており、午後になると風が強くなり、時期によっては雷雲が発生することが多い。特に、OWSにとって雷はもっとも危険な自然現象の1つである。開催地域に雷注意報が発令されたら、競技会の途中中断、あるいは中止を検討すべきである。

2 競技会中止の判断

　膨大な時間と経費をかけ、関係者の熱意と努力で周到に準備をしても、成功の是非を握る最大要因は天候である。雷雲の発生のように、安定していた状態が急変するようなこともある。台風や大型の低気圧の接近といった誰もが無理と判断される場合は問題ないが、微妙な状況の中で限られた時間のうちに判断を迫られる時が大変である。しかし答えは1つしかない。1％でも不安があると考えるならば、勇気ある撤退（中止）をすべきである。なぜなら、OWSは競技スポーツであって、チャレンジスポーツではないからである。

　なお、参考までに日本水泳連盟主催大会の1つである東京・マラソンスイミング（東京都港区）における開催中止の判断項目は以下のとおりである。

（競技会の中止判断項目）
・水温：16℃以下の場合（参考　日本水泳連盟OWS競技規則：最低水温16度）

- 風速：風速13m／秒以上
- 視界：300m以下
- 波高：1m以上
- 潮流：1ノット以上
- 自然災害：地震・津波・雷・台風などの自然災害が発生もしくはそれに準ずる警報が発令した場合
- その他、競技会実行委員会の協議事項にもとづき、競技会主催者が判断した場合

　中止の判断は、上記項目だけでなく、「どのようなメンバーで」「どこで」判断していくかも重要である。加えて、その判断をどういったスケジュールで迅速に参加者や関係者に伝達するかなども、あらかじめ関係者で協議し、マニュアルを作成し、広く周知・共有していくことが望ましい。

3 レースのコントロール

　競技会が成功するかどうかのもっとも重要な鍵は、準備してきたことがいかに機能するかどうかである。そのためには、スタッフ一人一人が与えられた役割を理解し、確実に業務を遂行することはもちろん、審判長がいかに全体を把握し、状況に応じたレースコントロールで競技者のストレスを溜めずにゴールさせるかが重要となってくる。OWSは自然が相手の競技であり、すべて計画どおりに進むことの方が少なく、事前に想定しうるさまざまな状況を可能な限りシミュレーションし、あらゆる対策をイメージして、レースをコントロールしなければならない。

①競技者の招集・人数確認

　海上でのリアルタイムな人数把握が難しいOWSでは後述するとおり、出泳人数の把握が重要になる。集計方法はさまざまあるが、出泳時の人数を精緻かつ速やかに把握し、関係者で共有することが肝要である。

②スタート管理

　OWSは、あくまで水泳競技であるため、水中に入水してのスタートが基本となる。ローカルルールに則った国内各地の競技会においては、スタートを水中から行うことで、競技者が走って入水することによる事故を防止する意味合いもある。加えてスタート前には、最終通告として、再度、コースおよび潮流や気象状況、当日の安全管理体制、救援を求める方法（ハンドサインなど）を伝達し、安全な競技会の進行と、競技者の不安を取り除くことも肝要である。

競技者同士の接触による事故も避けるため、時計など体にかかる外装品を装着している競技者には，着脱を依頼することもある。

③レース中の情報共有
　コース設定にもよるが、OWSの場合、競技会の全貌を視認できないことが多々ある。そのために、前述のとおり、無線などの通信機器による連絡系統の構築による交信と情報共有が重要であるが、視認できないが故に、無事、安全に競技会が進行していたとしても、無線交信などが一切行われないのは関係者の不安を逆に促す（煽る）ことにもなる。したがって、各業務責任者は、交信に支障を来さない程度に、競技会や各持ち場の進行状況を無線で発信することをおすすめする。その際、とくに競技者の位置（先頭や最後尾）や棄権者の情報（人数や棄権者番号）などを共有することで、競技会の進捗も把握できる。また、レースの途中関門の制限時間や残り時間、コースや競技者に接近する船舶の進行状況や、競技者群の位置ならびに潜在的な棄権者の情報なども共有したい事案である。

④レースの終盤および終了後
　完泳者が出始めるとレースも終盤に入った頃である。この段階では、適宜、棄権者と完泳者数の把握に努め、出泳者数と合わせていくことが重要である。また、レース開始から時間も長期化していることもあり、棄権者が出ることを想定して、コース上にいる競技者の状況を常に把握することが肝要である。

4 レース中の人数確認

　実際の競技会運営の中でもっとも重要なことは、「スタートした人数－途中棄権の人数＝現在泳いでいる人数＋すでにゴールした人数」の人数確認の数式が、レースの最中で絶えず成立していることである。
　そのため、水上で監視しているライフセーバーと陸上の両責任者は常時交信して情報を共有していることが理想である。特に途中棄権が発生した時は必ず人数確認の公式を確認し合い、その時点で泳いでいるはずの競技者数を把握しておく必要がある。人数確認の公式が成立しない場合は、最悪、水底に競技者が沈んでいることも考えなければならない。

5 リザルトの掲示

　競技が終了した競技者は、早く記録・結果を知りたいものである。そのため、会場のどこかに掲示板を設けて、できるだけ速やかにリザルト

を掲示するよう心がけなければならない(図6-9)。当日のうちに記録証を発行して、競技者に手渡す競技会もある。

図6-9 建物の壁に貼られたリザルトに集まる競技者

OPEN WATER SWIMMING

〈付録〉
さらなる普及・強化への活動

SECTION 1. OWS クリニックとは

SECTION 2. OWS 検定制度とは

SECTION 3. 認定 OWS 指導員資格制度とは

SECTION 4. 認定 OWS サーキットシリーズとは

SECTION 5. 日本水泳連盟　OWS 競技規則（2014—）

SECTION 6. 主要大会の記録

1. OWSクリニックとは

① OWS クリニックとは

　海・川・湖などの大自然の中で行われるOWSには、プールとは異なった解放感、爽快感、非日常感があり、その独特の魅力が人気の年齢を問わない生涯スポーツで、アウトドアブーム・エコブーム・健康増進ブーム等の時流にも乗り、競技人口が増加している。

　OWSクリニックとは、自然環境における水泳の安全性向上と普及のための練習会で、日本水泳連盟認定OWS指導員がプールとは異なる特有の技術・知識を実践指導する。

② OWS クリニックの概要

　受講者のレベルや目的に合わせてコースを選択することができる。

- 初心者用コース：初めてOWSの競技会に参加してみたい方のためのもの
- 中・上級者用コース：OWS競技会に向けて実戦的なスイムテクニックなどを講習・練習するためのもの

③ 申し込み方法ほか

　日本水泳連盟ホームページのOWS委員会のページか、SPORTS ENTRY（http://www.sportsentry.ne.jp/）より申し込むこと。時間・集合場所・料金等の詳細については、申し込み時に確認すること。

④ 参加資格

- 定期的な練習を行っている高校生以上（15歳以上）の健康な男女
- プールで連続して400m以上泳げること

2. OWS検定制度とは

① OWS検定とは

OWS検定は、泳力検定制度「ニチレイチャレンジ Swimming Badge」の拡充と発展の一環として、自然環境における水泳の安全性向上と普及を目的に実施されている。

泳力検定（p.13を参照）と同様に日本水泳連盟認定の履歴書にも記入できる公認資格である。

OWSの特徴は、「自然環境の中で泳ぐ」という点にあり、プールで泳ぐ他の種目と異なる特有の泳力や技能の習得が求められる。そのため、OWS検定では、プールでの水泳ではあまり必要とされない立ち泳ぎや方向確認などの技術などの技術が検定項目となっており、1～5級の「全国統一のOWSの泳力と技能基準」に基づいて、これらの技術が昇級ごとに段階的に楽しく習得できる仕組みになっている。

② 検定項目と合格基準

OWS検定では、OWS特有の技術の習熟度を認定する。OWS技術のレベルに合わせて1～5級を認定し、合格者には認定証および認定カード（5級は認定証のみ）を授与する。

- 海検定（集団泳）：海で集団泳を実施し、完泳者は5級を認定する
- プール検定：プールでレベルに合わせて1～5級を検定する

③ 検定申し込み方法

日本水泳連盟のホームページのOWS委員会のページか、SPORTS ENTRY（http://www.sportsentry.ne.jp/）より申し込むこと。

④ 検定料および認定料

OWS受検料は、検定料と認定証代の合計額は下表のとおり（2014年4月現在）。ただし、検定会場使用料等が必要となる場合もある。

	1級	2級	3級	4級	5級
検定料	3,000円	2,000円	2,000円	1,000円	500円
認定証代	2,000円	2,000円	1,000円	1,000円	500円

⑤ 参加資格

- 定期的な練習を行っている高校生以上（15歳以上）の健康な男女
- プールで連続して400m以上泳げること

	基礎泳力	方向確認	立ち泳ぎ	緊急時の対応技術とOWSで必要な応用技術	出場種目(距離)の目安	取得方法
5級	10分泳 ・泳法不問	平泳ぎ ・確実に視認できること（検定員がプールサイド前方で示す『ボード』に書かれた絵、文字などを読み取れること）	1分間 ・足の立たないところで、どんな型でも浮いていること ・顔を水につけて浮き、息継ぎの時だけ、顔を水面上にあげ呼吸し、再び顔を水につけて浮くという繰り返しでも可	背浮き ・鼻、口が水面上に確保され、呼吸が規則的にできていること（浮くためのキック可） ヘルプサイン（注1） ・仰向け浮き可	1km以下	1) 所定のOWS検定会（於プール） 2) 所定のOWS競技会で開催される500m以上の集団泳の類
4級	15分泳 ・クロールか平泳ぎが主体	平泳ぎ ・確実に視認できること（同上）	3分間 ・足の立たないところで、どんな型でも浮いていること ・顔を水につけて浮き、息継ぎの時だけ、顔を水面上にあげ呼吸し、再び顔を水につけて浮くという繰り返しでも可	背浮き ・鼻、口が水面上に確保され、呼吸が規則的にできていること（浮くためのキック可） ヘルプサイン ・仰向け浮き可	1.5km以下	1) 所定のOWS検定会（於プール）
3級	30分泳 ・クロール主体 ・平泳ぎ、背泳ぎも泳ぐこと	平泳ぎ ・確実に視認できること（同上） 顔上げクロール ・確実に視認できること（同上）	3分間 ・顔を水面上に出していること（口まで水につかっていても呼吸が確実にできていれば可） ・2分間はスカーリング可、1分間はスカーリング不可（手を使わずに足だけの立ち泳ぎであること）	顔上げ平泳ぎ25m ・鼻、口が水面につくのは構わない エレメンタリーバックストローク25m（注2） ヘルプサイン ・立ち泳ぎで（※仰向け浮き不可）	3km以下	1) 所定のOWS検定会（於プール）
2級	1500m自由形 ・30分00秒以内（短水路・長水路共通） 200m個人メドレー ・完泳	平泳ぎ ・確実に視認できること（同上） 顔上げクロール ・顔を水面上に保ちながらのクロールで、確実に視認できること（同上）	5分間 ・顔を水面上に出していること ・1分間は足の動きに頼りすぎず、体幹の浮力と手の動きを利用して、3分間は足の動きも手の動きも使った立ち泳ぎで、最後の1分間は足のみを水面より上にあげて足のみを動かしての立ち泳ぎ	OWS検定5～3級の技術すべて	5km以下	1) 所定のOWS検定会（於プール）
1級	1500m自由形 ・1500m/22分30秒以内（短水路） ・1500m/23分00秒以内（長水路） 400m個人メドレー	平泳ぎ ・確実に視認できること（同上） 顔上げクロール ・3種（注3）それぞれ25m	5分間 ・顔を水面より上に出していること ・1分間は足の動きに頼りすぎず、体幹の浮力と手の動きを利用して、3分間は足の動きも手の動きも使った立ち泳ぎで、最後の1分間は腕は肘だけを水面より上にあげて足のみを動かしての立ち泳ぎ	OWS検定5～3級の技術すべて 両側呼吸クロール75m（注4） ブイ回り各種（注5） 伴泳技術50m ・人にあわせて顔あげ平泳ぎ25m、クロール25m	10km以下	1) 所定のOWS検定会（於プール）

※2級、1級の検定項目「1500m自由形」に検定項目「個人メドレー」を含めても構わない。※検定員は必要に応じて、各級で求められる検定項目（技能）の模範演技等を示さなければならない。
(注1) ヘルプサイン：水面上から片腕を肘を伸ばして上にあげ、左右に頭上を越えるように振ってライフセーバーに助けを求めるサインの動作。※仰向け浮きで垂直に腕を予定（天井）へむかって伸ばし、その伸ばした腕で身体の両側の水面をたたくヘルプサインでも可
(注2) エレメンタリーバックストローク：仰向けに浮き、両手、両足を同時に水中で動かして進む。無理に水面に落下した場合、呼吸を確保できて、顔を水に出さないため、体力の消耗が比較的少ない進める。
(注3) 顔上げクロール3種：①クロールを泳ぎながら前方確認後1度顔を水にもどして横方向で呼吸、②顔上げしながら前方で呼吸、③顔上げで前を見てそのまま横向きで呼吸
(注4) 両側呼吸クロール：クロールを、①25mを右側呼吸のみ、②25mを左側呼吸のみ、③25m3回～5回に1回の呼吸で泳ぐ。
(注5) ブイ回り各種：①平泳ぎで確実に、②クロールを泳ぎながら（片きだけでも含む）、③クロール→仰向け→クロール

3. 認定OWS指導員資格制度とは

日本水泳連盟では、OWSの普及と発展を目的として認定OWS指導員の養成を行っている。

①資格取得の方法

（1）学科講習会

学科講習科目は「OWS概論と競技規則」「OWS指導者と指導方法」「OWSのリスク管理」の3つを受講する。受講開始年齢は、4月1日現在、満20歳以上で日本水泳連盟の基礎水泳指導員または日本体育協会の公認資格（水泳）を有する者および取得予定者とする。

学科講習内容は次のとおり。

ア．OWS概論と競技規則
　　OWSの意義・特性・歴史、競技規則
　　（集合講習1時間　　自宅学習1.5時間）
イ．OWS指導者と指導法
　　心得・任務、トレーニング法、レース対策
　　（集合講習1時間　　自宅学習1時間）
ウ．OWSのリスク管理
　　安全対策、医科学的問題
　　（集合講習1時間　　自宅学習2時間）

（2）実技試験

OWS指導に必要な専門的知識・技術の試験で日本水泳連盟OWS委員会および委属された認定OWS指導員にて計画・実施する。なお、試験内容は、OWS検定1級に準ずる。

実技試験種目は次のとおり。

ア．基礎泳力
　　1500m自由形、400m個人メドレー
イ．方向確認
　　平泳ぎによる視認、顔上げクロール3種による視認
ウ．立ち泳ぎ
　　5分間の立ち泳ぎ
エ．緊急時対応技術と応用技術
　　背浮き、ヘルプサイン、顔上げ平泳ぎ、エレメンタリーバックストローク25m、両側呼吸クロール75m、ブイ回り各種、伴泳技術（実技試験の詳細は、規則を参照）

（3）指導実習

OWS指導に必要な専門知識・技術の習得のため、日本水泳連盟主催OWSクリニックにて講師アシスタントを行う。

ア．プールでの実習
イ．海での実習（中上級者向け）
ウ．海での実習（初心者向け）

（4）免除措置

認定OWS指導員資格取得のための学科講習・実技試験・指導実習について、選手経歴、指導実績等に応じて、すべてまたは一部が免除される。免除措置の詳細は、規則を参照。

②登録と登録更新

（1）登録

学科講習および実技試験に合格し、指導実習を修了後、日本水泳連盟に登録申請すると、日本水泳連盟認定OWS指導員として指導員手帳が交付される。登録有効期間は4年。

（2）更新登録

登録の継続を希望する者は、登録期間4年の間に日本水泳連盟または委属された認定OWS指導員が実施するOWSクリニック3回、OWS検定会2回以上の参加が義務付けられている。

（3）OWSクリニックへの参加

めまぐるしく変化していくスポーツ環境の中で、OWS指導者として、日頃から泳法や指導法等新しい情報を身につけ、提供できるように資質の向上に努めること。更新要件を充足できない場合は、資格の継続ができなくなる。

表1　学科講習の科目および内容

科目名	主な内容	集合講習	家庭学習（＊）	合計
OWS概論と競技規則	OWSの意義・特性・歴史、競技規則（競技環境、用具、など）	1時間	1.5時間	2.5時間
OWS指導者と指導法	心得・任務、トレーニング法・レース対策（レースの向き合い方、練習の組立、ほか）	1時間	1時間	2時間
OWSのリスク管理	安全対策、医科学的問題	1時間	2時間	3時間
合計	3科目	3時間	4.5時間	7.5時間

＊家庭学習については、レポートの提出とする。

表2　実技試験の種目、内容および判定基準　　　　　　　　　　　　　　　　　＊日本水泳連盟OWS検定基準より抜粋

実技種目	内容および判定基準	
基礎泳力	★1500m自由形	・1500m／22分30秒以内（短水路）、1500m／23分00秒以内（長水路）
	★400m個人メドレー	・完泳
方向確認	★平泳ぎ	・確実に視認できること（検定員がプールサイド前方で示す「ボード」に書かれた絵、文字などを読み取れること）
	★顔あげクロール3種25m	・3種（注3）それぞれ25m　・確実に視認できること（同上）
立ち泳ぎ	★5分間	・顔を水面より上に出していること ・1分間は足の動きに頼りすぎず、体幹の浮力と手の動きを利用して、 　3分間は足の動きも手の動きも使った立ち泳ぎで、 　最後の1分間は肘を水面より上にあげて足のみを動かしての立ち泳ぎ
緊急時対応技術と応用技術	★背浮き	・鼻、口が水面上に確保され、呼吸が規則的にできていること（浮くためのキック可）
	★ヘルプサイン	・仰向け浮き（注1）で、立ち泳ぎで
	★顔あげ平泳ぎ25m	・鼻、口が水面につくのは構わない
	★エレメンタリーバックストローク25m（注2）	
	★両側呼吸クロール75m（注4）	
	★ブイ回り各種（注5）	
	★伴泳技術50m	・人にあわせた顔あげ平泳ぎ25m、クロール25m

＊（注1）仰向け浮きヘルプサイン：仰向け浮きで垂直に腕手を空（天井）へ向かって伸ばし、その伸ばした腕で体の両側の水面をたたく
　（注2）エレメンタリーバックストローク：仰向けに浮き、両手、両足を同時に水中で動かして進む
　（注3）顔あげクロール3種：①クロールを泳ぎながら前方確認後1度顔を水に戻して横方向で呼吸、②顔あげしながら前方で呼吸、③顔あげで前を見てそのまま横向きで呼吸
　（注4）両側呼吸のクロール：クロールを、①25mを右側呼吸のみ→②25mを左側呼吸のみ→③25mを3回～5回に1回の呼吸で泳ぐ
　（注5）ブイ周り各種：①平泳ぎで確実に、②クロールを泳ぎながら（片手だけで含む）、③クロール→仰向け→クロール

表3　指導実習の科目および内容

科目名（職務）	プールにて	海にて	合計
日本水泳連盟主催OWSクリニック（講師アシスタント）	1回	2回（中・上級者向け1回、初心者向け1回）	3回

表4　登録の更新要件：指導実績

科目名（職務）	プールにて	海にて	合計
日本水泳連盟主催OWSクリニック（講師）	1回	2回（中・上級者向け1回、初心者向け1回）	3回
日本水泳連盟主催OWS検定会（検定員）	1回（級不問）	1回（5級集団泳）	2回

4. 認定OWSサーキットシリーズとは

認定OWSサーキットシリーズ（以下，サーキットシリーズ）は、わが国におけるOWSの普及と強化を目的に、日本水泳連盟が主催大会および認定する競技会を選定し、競技役員の派遣やOWS検定やクリニックを実施し、各競技会の充実と発展を図ると共に、国内におけるOWS振興の醸成をめざす事業で、2012（平成24）年度から開始。
※競技会の認定に関する情報は、日本水泳連盟のホームページを参照。

①認定OWSサーキットシリーズの実施目的
・選手強化の推進

OWSは、自然環境下で開催され、その会場特性はさまざまである。世界選手権等の国際大会で好成績をあげるには、選手自身が多様な条件下で最大のパフォーマンスを安定的に発揮することが求められる。2008年北京オリンピックから正式種目に採用され、2020年東京オリンピックでも好成績が求められる本競技のさらなる強化をめざし、競技者自身が身近に参加できる国内レース開催環境の創出と、競技会出場を通じた実戦的な強化・育成の機会の提供が目的である。さらに全国各地での開催を通じ、新たな選手候補の発掘や強化基盤の確立もねらっている。

・OWSの普及促進

競泳と比べ、認知度と普及が遅れているOWSのさらなる発展をめざし、日本水泳連盟が競技会を選定して各競技会への参加を促すことで全国的な普及に取り組む。全国展開に伴い、OWSの魅力や特性を周知し、一般愛好者も含む競技人口の増大にも取り組む。そのために、連盟と各競技会の主催者が連携・協力して、クリニックや検定を開催し競技者や愛好者のレベル向上と各競技会の安全性向上を図り、水難事故の逓減もめざす。

・OWS市場の拡大およびマーケティング

競技会ごとの連携を図り、各地での開催数を増やし参加競技者が増大することによるスケールメリットを活かしたスポンサーの獲得などを含めたマーケティング活動の充実が目的である。さらには、競技会参加を通じたスポーツツーリズムの開発や開催地域の活性化や開催海浜などの環境美化活動を通じた社会貢献活動の充実や発展もめざす。

②認定OWSサーキットシリーズの認定条件
・主催組織

1）主催組織が公的機関・組織であるもしくはそのような組織が中核であること。2）日本水泳連盟が「主催」「後援」であること。3）加盟団体が「主催」「主管」「後援」のいずれかであること。4）加盟団体が日本水泳連盟宛に所定の「後援申請」および「認定申請」を事前に提出すること。

・競技運営

1）日本水泳連盟『OWS競技規則』を原則として、2）日本水泳連盟『OWS競技に関する安全対策ガイド』を遵守して開催すること。

・実施種目

1）選手権の部（5km）一般の部（5km以下）のいずれかまたは両方を実施すること（ただし、認定前から開催されている既存競技会はこの限りではない）。選手権の部は、強化が目的で、原則として日本水泳連盟OWS競技規則に基づいて開催すること。一般の部は，普及が主目的で、開催地域の独自色があり、競技人口の拡大につながる要素があること。2）原則として「集団泳500m以上（OWS検定5級）」を実施すること。3）「一般の部」を実施する場合は、競技会開催を通じて、安全浮き具（日本水泳連盟OWS推奨品）の支給、貸与、販売などを通じて、安全性の向上に取り組むこと。

5. 日本水泳連盟 OWS競技規則 (2014-)

総則

本規則は、国際水泳連盟（以下、「FINA；Federation Internationale de Natation」という）オープンウォータースイミング（以下、「OWS」という）競技規則に則り制定したものである。公益財団法人日本水泳連盟（JASF；Japan Swimming Federation. 以下、「本連盟」という）ならびに本連盟の加盟団体（以下、「加盟団体」という）が主催する競技会（公式競技会）と、本連盟ならびに加盟団体により公認された競技会（公認競技会）を対象として適用される。

公式競技会および公認競技会においては、本連盟の「オープンウォータースイミング（OWS）競技に関する安全対策ガイドライン」に沿った安全対策を講じなければならない。

競技会固有の環境または条件により、必要に応じて、本連盟のOWS競技規則（以下、「競技規則」という）を基準とした「ローカルルール」を策定することができる。ローカルルールは、競技開始前に競技者へ通知しなければならない。

第1条　定義

1．OWSとは、川、湖、海洋もしくは海峡などで行われる10km種目を除く競技と定義する。（OWS1.1）

2．マラソンスイミングとは、オープンウォーター競技における10km種目と定義する。（OWS1.1.1）

3．競技会の出場は、14歳以上の競技者とする。なお、年齢は競技会のある年の12月31日時点の競技者の年齢とする。（OWS1.2）

第2条　競技役員

競技会を運営・統括するための競技役員として、次の役職と人数をおく。（OWS2）

・審判長（1レースにつき）
・レフリー（少なくとも2名、エントリー数に応じて人数を増やす）
・計時担当主任＋計時担当員2名
・着順審判主任＋着順審判員2名
・安全担当員（セイフティ・オフィサー）
・医事救護員
・コース担当員
・招集担当員
・レース審判主任＋レース審判（選手につき1名、但し、10km以下のレースでは不要）
・ターンジャッジ（ターンブイごとに1名）
・給水審判員（給水用桟橋を使用の場合）
・スターター
・通告担当員
・公式記録担当員

注：競技役員は2役を兼務することはできない。但し、1つの役割が終了した後に別の役割を行うことは可能とする。

注：また必要に応じて、役員数を変更し、その他の係役員をおくことができる。

第3条　競技役員の職務

1．審判長

（1）競技者および競技役員に対し完全なる統轄権を持ち、競技規則を完全に施行し、競技会の運営にあたってはすべての事柄について最終決定を下す。また競技規則に定めがない場合も同様に最終決定を下す。（OWS3.1）

（2）競技者や競技役員を危険にさらす状況に

なった場合、安全担当員（セイフティ・オフィサー）と協議し、レースを中止する。（OWS3.2.1）
（3）競技開始前および競技中に起こった事柄に関しての抗議について、裁定の手配をする。（OWS3.3）
（4）着順審判員の着順判定結果と記録が合わなかった場合、判断を下す。（OWS3.4）
（5）スタート時、旗をスターターに向け、笛を短く吹くことで、スタートが差し迫り、競技が始まることを競技者に知らせる。（OWS3.5）
（6）競技規則に則っていないと自身で判断した場合や他の競技役員が報告してきた場合、当該競技者を失格とする。（OWS3.6）
（7）競技役員の各役職を任命し、その職務の分担や指示を与え、競技の運営が公正かつ円滑に行われるようにする。なお、必要に応じて競技役員の補充や交代を命ずることができる。（OWS3.7）
（8）競技開始前および競技終了後、招集担当員、公式記録担当員、コース担当員、安全担当員（セイフティ・オフィサー）からのすべての競技者の確認報告を受けなければならない。（OWS3.8）

2．レフリー
（1）競技中、競技規則が遵守されているかどうかを常に監督する。（OWS3.9）
（2）競技規則に抵触した競技者を目撃した場合、当該競技者を失格させる。（OWS3.10）

3．スターター
（1）競技規則第4条に従い、審判長の合図により、競技を開始する。（OWS3.11）

4．計時担当主任
（1）スタート地点とゴール地点に、少なくとも2名の計時担当員を配置する。（OWS3.12）（2）スタート15分前に、全員の時計が公式競技時計（標準時）を示しているかを確認する。（OWS3.13）
（3）各競技者の記録用紙を計時担当員から収集し、確認する。必要であれば計時担当員の時計を検査する。（OWS3.14）

（4）各競技者の記録用紙の公式記録を確認する。（OWS3.15）

5．計時担当員
（1）各競技者、または複数の競技者の計時を行う。時計はメモリー機能および出力機能を持つもので、実行委員会が承認した、正確性が証明されたものでなければならない。（OWS3.16）
（2）スタートの合図で時計を始動させ、計時担当主任から指示があった時のみ時計を止める。（OWS3.17）
（3）各競技者のゴール後、記録と競技者番号を速やかに用紙に記入し、計時担当主任に提出する。（OWS3.18）
注：自動計測装置を使用する場合でも、補完の観点から、同様の任務を遂行する。

6．着順審判主任
（1）各担当員、審判員を所定位置に配置する。（OWS3.19）
（2）競技中、レフリーからの指示を記録し、業務を行う。（OWS3.20）
（3）競技終了後、各担当員・審判員からの結果用紙に署名をし、判定結果とそれを反映させた結果、順位を審判長に提出する。（OWS3.21）

7．着順審判員
（1）常に競技のゴールがはっきりと見える、ゴールラインの延長線上に配置される。（OWS3.22）
（2）各競技者の着順を判定する。（OWS3.23）
注：着順審判員は計時担当員を兼務してはならない。

8．レース審判主任
（1）レース審判の乗船先を決め、レース審判に役割を説明する。（OWS3.24）
（2）競技中、レフリーからの指示を記録し、業務を行う。（OWS3.25）
（3）競技終了後、レース審判から署名付き報告書を回収し、審判長に提出する。（OWS3.26）

9．レース審判
（1）事前抽選で決まった選手伴走船に乗船す

る。（OWS3.27）
（２）競技中、選手伴走船から担当となった競技者を監察する。（OWS3.28）
（３）レフリーによって退水を命じられたことを競技者に伝える。（OWS3.29）
（４）担当となった競技者がアンフェアーなことや他の競技者に危害を与えていないか、退水を命じる必要はないかを監察する。（OWS3.30）

10．ターンジャッジ
（１）競技前の説明会で説明されたとおりに、競技者全員が正しくコースを折返したかを監察する。（OWS3.31）
（２）ターンの際の違反行為はすべて記録し、短い笛を鳴らして知らせる。そして、直ちに審判長に違反行為があったことを伝える。（OWS3.32）
（３）署名した報告書を審判長に提出する。（OWS3.33）

11．安全担当員（セイフティ・オフィサー）
（１）競技の実施に関するすべての安全面について、審判長に対し責任を負う。（OWS3.34）
（２）競技開始前に、コース全体、特にスタート地点およびゴール地点を点検し、安全性および適切性が確保され、障害物が無いことを確認する。（OWS3.35）
（３）競技を行うのに十分な安全器材を準備し、確認する責任を負う。（OWS3.36）
（４）競技前に競技者に対して、潮汐や流れを提示する。（OWS3.37）
（５）競技中、医事救護員と競技の実施が不適切な状況であると判断した場合は、レフリーにその旨を知らせ、実施されるコースや方法の変更に関する勧告を行う。（OWS3.38）

12．医事救護員
（１）競技および競技者に関するすべての医療面および救護面について、レフリーに対し責任を負う。（OWS3.39）
（２）地域の医療施設に競技の特性を伝え、事故発生の際には、出来るだけ速やかに医療施設に収容できるよう競技開始前に確認する。（OWS3.40）
（３）競技中、安全担当員と競技の実施が不適切な状況であると判断した場合は、レフリーにその旨を知らせ、実施されるコースや方法の変更に関する勧告を行う。（OWS3.41）

13．コース担当員
（１）競技コースの正確な測量に関して、実行委員会に対して責任を負う。（OWS3.42）
（２）スタート地点およびゴール地点の表示物および装置の状態を点検し、すべてが適切に配置され作動することを確認する。（OWS3.43）
（３）競技開始前に、競技コース上のすべてのターンブイの状態を点検し、すべてが適切に配置されていることを確認する。（OWS3.44）
（４）競技開始前に、レフリーと安全担当員（セイフティ・オフィサー）とともにコースと表示物の確認を行う。（OWS3.45）
（５）競技開始前に、ターンジャッジが所定の位置に配置されていることを確認してレフリーに報告する。（OWS3.46）

14．招集担当員
（１）各競技前に招集エリアに競技者を招集し、ゴール後の控え室が適切な施設かを確認する。（OWS3.47）
（２）競技開始前の所定の時間に競技者を招集し、競技者のナンバリング（競技者番号の表示）と競技規則に抵触（爪の長さや、装飾、ジュエリー、時計などの装着）を確認する。（OWS3.48）
（３）招集エリア内の競技者の人数を最終確認する。（OWS3.49）
（４）競技者、競技役員に、スタート５分前から１分ごとにスタートまでの残り時間を知らせる。（OWS3.50）
（５）競技者がスタートエリアに置き残した衣類や持ち物を、ゴールエリアに安全に移動させ保管する責任を負う。（OWS3.51）
（６）すべての競技者がゴール後の退水時に

必要な所持品を所持していることを確認する。
（OWS3.52）

15．公式記録担当員

（1）途中棄権を記録し、公式記録を作成し、チーム表彰のポイントを積算する。（OWS3.53）
（2）すべての違反行為の詳細を記載し、署名をして、審判長に提出する。（OWS3.54）

16．給水審判員

（1）給水用桟橋において、競技者とコーチが競技規則どおりに給水を行っているかを監察する。（OWS3.55）

第4条　スタート

1．すべてのオープンウォーター競技は、競技者全員が固定された壇上か、もしくは、泳ぎ始めるのに十分な深さの水中から、スタートの合図でスタートする。（OWS4.1）
（1）固定された壇上からスタートする場合は、競技者の立ち位置は無作為の抽選によって決められる。（OWS4.1.1）
2．招集担当員は競技者と競技役員にスタートまでの時間を適宜知らせる。スタート5分前からは1分ごとに知らせる。（OWS4.2）
3．エントリー数が多い場合、男子競技と女子競技は別々にスタートする。男子競技は常に女子競技の前にスタートする。（OWS4.3）
4．スタートラインは、頭上の器具か水面の移動可能な器具により、はっきりと表示される。（OWS4.4）
5．審判長は旗を真っ直ぐに揚げ、ホイッスルを短く吹いて、スタートが近いことを知らせる。次に、旗をスターターに向け、競技がスターターの指示の下にあることを示す。（OWS4.5）
6．スターターは、競技者全員からはっきり見える位置に配置する。（OWS4.6）
（1）スターターの「位置について」の指示で、壇上からのスタートの場合、競技者は少なくとも一方の足を壇上の前に出しスタートの態勢をとらなければならない。壇上からのスタートでない場合、競技者はスタートラインに一列に並ばなければならない。（OWS4.6.1）
（2）スターターは全員の準備が整ったと判断したら、スタートの合図をする。（OWS4.6.2）
7．スタートの合図は、視覚と聴覚の両方に訴えるものでなければならない。（OWS4.7）
8．スタートの際に反則を犯した競技者には、競技規則6条3項に則り、レフリーの判断によりイエローフラッグかレッドフラッグが提示される。（OWS4.8）
9．すべての選手伴走船はスタート前に所定の位置につき、競技者の邪魔をしないようにする。また競技者をピックアップする際も他の競技者の邪魔にならないようにする。（OWS4.9）
10．男子競技および女子競技は同時にスタートできるが、すべての点において両競技は別々の種目として取り扱われる。（OWS4.10）

第5条　開催地

1．本連盟が主催する競技会は、本連盟により承認された場所とコースで開催される。
2．開催地は安全性を考慮し、流れがゆるやかで、海水、淡水もしくは汽水の水域とする。（OWS5.2）
3．開催地の使用に関する適合性の証明書は、該当する現地の衛生機関及び安全機関が発行する。一般的に、この証明書は水質純度および他の要因からの物理的安全性に関するものでなければならない。（OWS5.3）
4．コース上のすべての地点は、水深が1.4m以上でなければならない。（OWS5.4）
5．水温は16℃以上31℃以下とする。レース当日のスタート2時間前にレース中間地点の40cmの深さで測定する。測定はレフリー1名、大会組織委員会1名、監督者会議で選出された出場国の

コーチ1名の立ち会いのもと行う。(OWS5.5)
6．競技中、安全担当員（セイフティ・オフィサー）は、水温と気温を測定する。(OWS5.5.1)
7．コースの折返しは、ターンブイ等ですべて明確に表示されなければならない。ターンブイはガイドブイ（補助ブイ）と別の色にしなければならない。(OWS5.6)
8．ターンジャッジ艇等は、競技者の折返しの視野を妨害しないように配置される。(OWS5.7)
9．給水用桟橋、ターンブイ、ターンジャッジ艇等は固定され、潮の干満、風もしくはその他の動きに影響されないものとする。(OWS5.8)
10．ゴールへの最終アプローチは目立つ色のマークやガイドロープで表示され、コースとの境界線を作らなければならない。(OWS5.9)
11．ゴールは垂直面ではっきりと明示し、表示する。(OWS5.10)

第6条　レース

1．すべてのオープンウォーター競技はフリースタイルで行われ、競技者はブイをすべて回って全コースを泳がなければならない。(OWS6.1)
2．レース審判は、選手伴走船によるペーシングやスリップストリームで不公平な利点を得ていると判断した場合、競技者に対して選手伴走船から離れるよう指示する。(OWS6.2)
3．失格処分までの手続き
(1) 審判長、レフリーの判断により、妨害や故意による接触、ペーシング、スリップストリームで不公平な利点を得ているとされた競技者、選手伴走船に対して、以下の方法で失格処分を課す。(OWS6.3.1)
1回目の反則：
当該競技者の番号を記載したイエローフラッグかイエローカードを掲示して、警告する。
2回目の反則：
レフリーが当該競技者の番号を記載したレッドフラッグかレッドカードを掲示し、2回目の違反行為であることを知らせる。当該競技者は失格となり、速やかに退水し、再びレースに参加することはできない。
(2) レフリーが「スポーツマン精神に反した行為」と判断した場合、レフリーはただちに当該競技者、選手伴走船を失格処分とする。(OWS6.3.2)
4．選手伴走船は競技者がパッキングや流れを利用しないように、競技者前方に位置取らないようにする。(OWS6.4)
5．選手伴走船は競技者を選手伴走船の前方か横に位置取らせなければならない。(OWS6.5)
6．競技者は、競技中に海底に立っても失格にならないが、歩いたり、ジャンプしたりしてはならない。(OWS6.6)
7．競技者はあらゆる固定もしくは浮き装置から支援を得てはならない。また競技者は故意に選手伴走船に触れたり、触れられてはならない。(OWS6.7)
8．明らかに競技続行困難な状況にある競技者への医事救護員らによる医療行為も、失格処分にあたる。(OWS6.7.1)
9．選手伴走船を用いるレースでは、選手伴走船は、レースジャッジ1名、競技者が選んだ者1名、操船に必要な最低人数を乗せていなければならない。選手伴走船は競技者の番号と国旗をどこから見ても分かるように掲示する。(OWS6.8、6.8.1)
10．安全担当船は、安全担当員（セイフティ・オフィサー）、操船に必要な最低人数を乗せていなければならない。(OWS6.9)
11．競技者は、スピード、持久性、浮力を高めるような装置を使用もしくは着用してはならない。公認の水着、ゴーグル、2枚以下のキャップ、ノーズクリップおよび耳栓の使用は可とする。(OWS6.10)
12．競技者は、グリースもしくはその種の物質

を使用することが出来るが、レフリーの判断により過度の使用にならないことを条件とする。(OWS6.11)

13. 他の者が入水し、競技者のペースを作ってはならない。(OWS6.12)

14. 給水用桟橋や選手伴走船から、コーチは競技者にコーチングや指示を出すことができる。ただし笛を使用してはならない。(OWS6.13)

15. 給水用桟橋にて栄養物を摂取する場合、競技規則6条6項が適用されるが、競技規則6条7項に違反してはならない。(OWS6.14)

16. 給水用桟橋から物（食べ物を含む）を投げてはならない。競技者は給水用竿か手渡しで物を受け取らなければならない。(OWS6.15)

17. 給水用竿は5m以内とし、フィーディングポールの先端はロープやワイヤーが垂れさがっていてはならず、国旗の装飾のみが許される。国旗は給水用竿に装着することが許され、30×20cm以内のものとする。(OWS6.16)

18. すべての競技は1位の競技者がゴールしてから5kmごとに15分、最大120分を制限時間とする。制限時間内にゴールできなかった競技者は退水処分となるが、レフリーが認めた場合に限り、そのままゴールまで泳ぎ続けても構わない。但し、その場合はゴールまで泳いでも記録や順位は残らず、ポイントや賞金も受け取ることはできない。(OWS6.17、6.17.1)

19. 緊急中止 (OWS6.18)

（1） 10km以下の場合は、できるだけ早く再レースを行う。(OWS6.18.1)

（2） 10km超の場合は、レース時間が3時間を超えていれば、最終順位が審判長から報告される。3時間を超えていなければ、できるだけ早く再レースを行う。(OWS6.18.2)

第7条　ゴール

1. ゴールまでのエリアはブイもしくはガイドロープにて明示し、ゴール地点に近づくにつれて狭くなるものとする。安全担当船のみがゴールエリアに入ることができる。(OWS7.1)

2. ゴール用の器具は、風、潮の干満もしくは競技者がぶつかるときの力で動かないよう、必要であれば浮き装置に固定され、定位置に固定された垂直な板状であり、少なくとも5mの広さのあるものでなければならない。ゴールは、スローモーション機能および計時機能を備えたビデオ録画装置で両側および上部から撮影され、記録される。(OWS7.2)

（1） 計測にはマイクロチップシステムを含む自動計測装置を使用することが望ましい。マイクロチップシステムは10分の1秒単位で正式に記録される。最終順位は、着順審判員の報告やビデオテープに基づき、審判長によって決定される。(OWS7.2.1)

（2）マイクロチップを使用する競技会では、競技者は両手首に計測チップを装着する。競技中に計測チップを紛失した場合は、直ちにレフリーに計測チップの再発行を申し出なければならない。もしも競技中に計測チップを紛失したままゴールした場合、その競技者は失格となる。(OWS7.2.2)

3. 着順審判員および計時担当員は、常にフィニッシュを観察できる場所に配置する。その場所は、担当競技役員の占有とする。(OWS7.3)

4. 選手伴走船に乗船した代表者は、退水後の競技者と会えるようにしておくべきである。(OWS7.4)

5. 退水の際に手助けが必要な場合は、競技者は明確にその意思表示をすべきである。(OWS7.5)

6. 医療班は退水後の競技者の体調を確認すべきである。そのための椅子を準備しておくべきである。(OWS7.6)

7. 医療班による体調確認後、競技者は飲食物を摂取すべきである。(OWS7.7)

第8条　抗議

1．競技中に発生した事柄に関する抗議は、競技終了後30分以内にそのチームの監督または代表者が、文書で審判長に提出する。また、競技開始前にわかった事柄については、その競技のスタート合図前に審判長に申し出る。
2．抗議は、上訴審判団が設置されている競技会においては上訴審判団によって、設置されていない競技会においては、その競技会を主催する本連盟または加盟団体から任命された大会総務によって検討され、裁定される。

第9条　その他

1．競技者は、本連盟または加盟団体の特別な承認がない限り、本連盟の競技者資格規定により登録された競技者に限られていなければならない。
2．すべての競技者・監督・コーチおよび役員は、「競技会において着用または携行することができる水泳用具、用具の商業ロゴマーク等についての取り扱い規定」に違反する物品を競技場内で着用・携行して宣伝・広告の媒体になってはならない。
（1）公式競技会および公認競技会のシンボルマークや、本連盟が認めたものは、この規則から除外する。
（2）この項に違反した者は、本連盟の審査によって登録競技者の資格を失う。
3．公式競技会および公認競技会に出場する場合は、競技会出場に対する誓約書を提出しなければならない。誓約書には提出する日の日付を記入し、かつ競技者本人による署名または捺印を必要とする。競技会当日において未成年者の競技会出場には、競技者本人のほか、保護者による署名または捺印を必要とする。

ここに掲載している『オープンウォータースイミング競技規則』は第3刷からの転載である。この第3刷は、平成26年4月1日以降に開催される競技会において適用されることになっている。なお、最新の競技規則については、日本水泳連盟のホームページ（http://www.swim.or.jp/）に随時更新されるため、あわせてご確認いただきたい。

6. 主要大会の記録

オリンピック

大会名（開催地）	開催日	種目	優勝者（国）	記録	日本選手の成績	記録
第30回大会（ロンドン）	2012年8月10日	男子10km	オウサマ・メルーリ（チュニジア）	1時間49分55秒1	15位：平井康翔	1時間51分20秒1
	2012年8月9日	女子10km	エバ・リストフ（ハンガリー）	1時間57分38秒2	13位：貴田裕美	1時間58分59秒1

オリンピック最終予選

大会名（開催地）	開催日	種目	優勝者（国）	記録	日本選手の成績	記録
第30回大会（ロンドン）最終予選（ポルトガル・セトゥバル）	2012年6月10日	男子10km	オウサマ・メルーリ（チュニジア）	1時間45分18秒5	6位：平井康翔	1時間46分14秒6
					失格：小林勇斗	記録なし
	2012年6月9日	女子10km	ヘイリー・アンダーソン（アメリカ）	1時間57分38秒2	10位：貴田裕美	1時間58分59秒1

世界水泳選手権大会

大会名（開催地）	開催日	種目	優勝者（国）	記録	日本選手の成績	記録
第8回世界水泳選手権（オーストラリア・パース）	1998年1月11日	男子25km	アレクセイ・アカティエフ（ロシア）	5時間05分40秒1	25位：杉沢毅志	6時間12分37秒
第9回世界水泳選手権（日本・福岡）	2001年7月21日	男子25km	ユーリ・コーディノフ（ロシア）	5時間25分32秒	15位：疋田浩気	5時間44分15秒
					20位：杉沢毅志	6時間04分28秒
		女子25km	ビオラ・バリ（イタリア）	5時間56分51秒	11位：福田由季	7時間07分22秒
	2001年7月18日	男子10km	エゲニ・ベズロウチェンコ（ロシア）	2時間01分04秒	21位：東島一生	2時間15分22秒
		女子10km	ペギー・ビューシェ（ドイツ）	2時間17分32秒	21位：福田由季	2時間44分52秒
	2001年7月16日	男子5km	ルカ・バルディニ（イタリア）	55分37秒	29位：東島一生	1時間02分57秒
		女子5km	ビオラ・バリ（イタリア）	1時間00分23秒	22位：野尻奈央子	1時間06分15秒
第14回世界水泳選手権（中国・上海）	2011年7月20日	男子10km	スピルドン・ジアニモティス（ギリシャ）	1時間54分24秒7	36位：平井康翔	1時間58分19秒2
	2011年7月19日	女子10km	ケリー・アン・ペイン（イギリス）	2時間01分58秒1	35位：貴田裕美	2時間07分07秒7
					42位：小口綾乃	2時間11分48秒9
	2011年7月22日	男子5km	トーマス・ルッツ（ドイツ）	56分16秒6	12位：平井康翔	56分30秒6
		女子5km	スワン・オベルソン（スイス）	1時間00分39秒7	31位：小口綾乃	1時間03分20秒2
					失格：貴田裕美	記録なし
第15回世界水泳選手権（スペイン・バルセロナ）	2013年7月27日	女子25km	マルティナ・グリマルディ（イタリア）	5時間07分19秒7	8位：貴田裕美	5時間16分25秒7
	2013年7月22日	男子10km	スピルドン・ジアニモティス（ギリシャ）	1時間49分11秒8	21位：平井康翔	1時間49分52秒8
					26位：小林勇斗	1時間50分17秒4
	2013年7月23日	女子10km	ポリアナ・オキモト（ブラジル）	1時間58分19秒2	13位：貴田裕美	1時間58分25秒8
	2013年7月20日	男子5km	オウサマ・メルーリ（チュニジア）	53分30秒4	25位：小林勇斗	53分48秒0
	2013年7月25日	団体5km	ドイツ	52分54秒9	13位：日本	58分00秒0

世界OWS選手権大会

大会名（開催地）	開催日	種目	優勝者（国）	記録	日本選手の成績	記録
第1回大会（アメリカ・オアフ／ホノルル）	2000年11月4日	男子25km	ユーリ・コーディノフ（ロシア）	4時間55分51秒	19位：疋田浩気	5時間36分52秒
	2000年10月31日	男子5km	エゲニ・ベズロウチェンコ（ロシア）	59分18秒	22位：疋田浩気	1時間01分57秒
第4回大会（イタリア・ナポリ）	2006年8月31日	男子10km	トーマス・ルッツ（ドイツ）	2時間10分39秒4	32位：東翔	2時間26分53秒0
					33位：高山裕基	2時間32分45秒8

パンパシフィック選手権大会

大会名（開催地）	開催	日種目	優勝者（国）	記録	日本選手の成績	記録
福岡大会（日本）	1997年8月10日	男子25km	グラント・ロビンソン（オーストラリア）	4時間40分38秒	8位：杉沢毅志	5時間15分45秒
		女子25km	シェリー・テーラー・スミス（オーストラリア）	5時間01分12秒	7位：木原珠子	6時間01分11秒
シドニー大会（オーストラリア）	1999年8月29日	男子25km	マーク・サリパ（オーストラリア）	4時間57分44秒	10位：杉沢毅志	5時間36分51秒
アーバイン大会（アメリカ）	2010年8月22日	女子10km	クリスティン・ジェニングス（アメリカ）	2時間00分33秒6	8位：貴田裕美	2時間08分00秒0

ジュニア・パンパシフィック選手権大会

大会名（開催地）	開催日	種目	優勝者（国）	記録	日本選手の成績	記録
グアム大会（アメリカ）	2009年1月12日	男子10km	フェリー・ライアン（アメリカ）	1時間53分37秒6	3位：山田浩平	1時間53分39秒3
					10位：宮本陽輔	1時間54分58秒9
		女子10km	ベリンダ・ベネット（オーストラリア）	2時間04分11秒6	3位：岡澤宏美	2時間04分15秒3
					7位：倉松真子	2時間10分47秒7
					8位：小川栞	2時間11分40秒8
マウイ大会（アメリカ）	2010年8月30日	男子10km	ジョージ・オブライアン（オーストラリア）	1時間50分59秒1	2位：瀧口陽平	1時間53分24秒0
					8位：柴田慎一郎	1時間56分10秒5
					11位：渡辺涼太	1時間57分18秒8
		女子10km	トリスティン・バクスター（アメリカ）	1時間58分42秒7	3位：太田明成	2時間03分16秒6
					5位：中塚望	2時間03分37秒4
					8位：和田麻里	2時間04分36秒5
オアフ大会（アメリカ）	2012年8月27日	男子10km	デビット・ヘロン（アメリカ）	1時間42分01秒0	4位：中島拓海	1時間43分06秒0
		女子10km	ベッカ・マン（アメリカ）	1時間57分22秒0	6位：浅山美貴	1時間58分06秒
					7位：大崎舞鈴	1時間58分12秒0
					8位：上田桜子	2時間09分23秒0

ユニバーシアード競技大会

大会名（開催地）	開催	日種目	優勝者（国）	記録	日本選手の成績	記録
第26回大会（中国・深圳）	2011年8月13日	男子10km	シモネ・ルフィーニ（イタリア）	1時間58分00秒7	3位：平井康翔	2時間00分05秒5
		女子10km	ラヘレ・ブルーニ（イタリア）	2時間06分49秒3	20位：小口綾乃	2時間20分12秒4
第27回大会（ロシア・カザン）	2013年7月17日	男子10km	マテオ・フルラン（イタリア）	1時間56分12秒4	9位：平井康翔	1時間57分33秒1
		女子10km	───	───	───	───

マラソンスイミング・ワールドカップ

大会名（開催地）	開催日	種目	優勝者（国）	記録	日本選手の成績	記録
汕頭大会（中国）	2010年9月25日	男子10km	アレックス・マイヤー（アメリカ）	1時間55分30秒3	12位：秋元洸輔	2時間01分44秒1
					18位：平井康翔	2時間07分56秒4
		女子10km	エバ・フィビアン（アメリカ）	2時間02分56秒1	15位：和田麻里	2時間10分14秒8
					21位：山中薫	2時間15分59秒5
					途中棄権：貴田裕美	記録なし
香港大会（中国）	2010年10月3日	男子10km	チャド・ホー（南アフリカ）	2時間03分54秒4	10位：渡辺涼太	2時間07分19秒2
					13位：平井康翔	2時間07分32秒2
					15位：秋元洸輔	2時間09分11秒5
		女子10km	エバ・ファビアン（アメリカ）	2時間10分45秒1	12位：山中薫	2時間15分34秒7
					13位：貴田裕美	2時間16分07秒5
					16位：和田麻里	2時間16分47秒2
セトゥバル大会（ポルトガル）	2011年6月18日	男子10km	スピルドン・ジアニモティス（ギリシャ）	1時間40分29秒5	9位：平井康翔	1時間40分52秒5
		女子10km	アンジェラ・マーラー（ドイツ）	1時間48分41秒9	7位：貴田裕美	1時間48分58秒9
汕頭大会（中国）	2011年9月25日	男子10km	トーマス・ルッツ（ドイツ）	1時間54分22秒9	17位：平井康翔	1時間58分56秒1
		女子10km	エミリー・ブルンメン（アメリカ）	2時間04分52秒4	6位：貴田裕美	2時間05分00秒8
香港大会（中国）	2011年10月2日	男子10km	トーマス・ルッツ（ドイツ）	1時間58分16秒7	18位：平井康翔	2時間00分20秒3
		女子10km	エミリー・ブルンメン（アメリカ）	2時間10分59秒9	4位：貴田裕美	2時間11分13秒6
エイラート大会（イスラエル）	2012年4月1日	男子10km	スピルドン・ジアニモティス（ギリシャ）	1時間52分32秒9	28位：小林勇斗	2時間01分43秒6
					途中棄権：平井康翔	記録なし
		女子10km	アナ・マルセラ・クーニャ（ブラジル）	2時間02分37秒4	17位：貴田裕美	2時間03分00秒8
カンクン大会（メキシコ）	2012年4月24日	男子10km	トーマス・ルッツ（ドイツ）	1時間57分16秒5	35位：平井康翔	2時間04分31秒8
					46位：小林勇斗	2時間17分56秒9
		女子10km	アナ・マルセラ・クーニャ（ブラジル）	2時間09分14秒7	10位：貴田裕美	2時間10分31秒7
サントス大会（ブラジル）	2013年1月27日	男子10km	ロメイン・ブロード（フランス）	2時間02分26秒0	途中棄権：小林勇斗	記録なし
		女子10km	エミリー・ブルンメン（アメリカ）	2時間11分18秒0	22位：貴田裕美	2時間15分22秒1
ビエドマ大会（アルゼンチン）	2013年2月2日	男子10km	ロメイン・ブロード（フランス）	1時間50分21秒0	18位：小林勇斗	1時間52分48秒6
		女子10km	エミリー・ブルンメン（アメリカ）	1時間59分51秒0	8位：貴田裕美	2時間00分45秒0
エイラート大会（イスラエル）	2013年3月1日	男子10km	クリスチャン・ライカート（ドイツ）	1時間53分29秒5	21位：小林勇斗	2時間02分34秒8
					28位：平井康翔	2時間08分36秒8
		女子10km	アナ・マルセラ・クーニャ（ブラジル）	2時間02分53秒1	19位：貴田裕美	2時間03分24秒4
コスメル大会（メキシコ）	2013年4月13日	男子10km	ダニエル・フォッグ（イギリス）	1時間56分38秒1	47位：小林勇斗	2時間04分33秒4
					49位：平井康翔	2時間04分42秒5
香港大会（中国）	2013年10月5日	男子10km	サミュエル・デボナ（ブラジル）	1時間53分34秒0	17位：松村脩平	1時間56分58秒7
					27位：金森竣	2時間05分59秒5
		女子10km	ポリアナ・オキモト（ブラジル）	2時間02分48秒5	9位：貴田裕美	2時間03分01秒4
					19位：浅山美貴	2時間10分38秒4

OWSグランプリ

大会名（開催地）	開催日	種目	優勝者（国）	記録	日本選手の成績	記録
コスメル大会（メキシコ）	2013年4月20日	男子15km	シモネ・ルフィーニ（イタリア）	3時間03分22秒0	19位：小林勇斗	3時間15分14秒0
					途中棄権：平井康翔	記録なし
		女子15km	マルティナ・グリマルディ（イタリア）	3時間21分44秒0	15位：貴田裕美	3時間39分07秒0

OWSジャパンオープン館山 (開催地：千葉県館山市北条海岸・鏡ヶ浦)

▶歴代優勝者

開催日	種目	優勝者	所属	記録	潮汐 / 天気 / 気温ほか
2000年6月4日	男子12km	足田浩気	深谷スポーツクラブ浜松	2時間32分26秒	満潮 (04：58/18：57)、干潮 (11：54)
	女子12km	神田奈美枝	浦和商業高校	3時間20分10秒	晴れ /28℃ / 中潮
	男子3km	服部良一	OSK岡山	1時間00分25秒	
	女子3km	塩崎優美子	富士山小姐	58分31秒	
2001年6月17日	男子15km	杉沢毅志	NKK	2時間55分09秒	満潮 (01：09/14：13)、干潮 (07：57/19：42)
	女子15km	福田由季	ビートＳＣ	3時間11分30秒	曇り/25℃ / 若潮
	男子5km	東島一生	ウォーターメイツ	55分44秒	
	女子5km	野尻奈央子	日本体育大学	58分29秒	
2002年6月23日	男子10km	杉沢毅志	NKK	1時間57分09秒	満潮 (02：30/16：42)、干潮 (09：41/21：37)
	女子10km	なし	なし	記録なし	晴れ /32℃ / 中潮
	男子5km	東島一生	ウォーターメイツ	52分12秒	
	女子5km	山口綾乃	よこはまＳＣ	56分44秒	
2003年7月21日	男子5km	東島一生	ウォーターメイツ	1時間01分39秒	満潮 (09：08/22：07)、干潮 (03：59/15：09)
	女子5km	山口綾乃	よこはまＳＣ	1時間10分09秒	曇り/25℃ / 小潮
2004年7月19日	男子5km	杉沢毅志	ＪＦＥ京浜	1時間05分02秒	満潮 (05：04/18：50)、干潮 (11：52)
	女子5km	山口綾乃	よこはまＳＣ	1時間06分29秒	晴れ /33℃ / 中潮
2005年7月18日	男子5km	木村聡一郎	慶應義塾大学	1時間03分35秒	満潮 (00：18/15：46)、干潮 (08：13/20：32)
	女子5km	宮杉理紗	スポーツプラザ報徳金沢	1時間03分43秒	晴れ /29℃ / 中潮
2006年7月16日	男子10km	東 翔	順天堂大学	1時間50分24秒	満潮 (07：37/21：05)、干潮 (08：13/20：32)
	女子10km	平下 心	JSS深井SS	1時間57分34秒	晴れ /31℃ / 中潮
2007年7月15日	男子10km		【台風のため 中止】		満潮 (04：09/18：30)、干潮 (11：18/23：38)
	女子10km				曇り/26℃ / 大潮
2008年7月20日	男子10km	東 翔	順泳会	1時間56分23秒	満潮 (04：30/18：50)、干潮 (11：33)
	女子10km	山口綾乃	スポーツプラザ報徳金沢	2時間07分46秒	晴れ /30℃ / 大潮
2009年7月19日	男子10km	平井康翔	柏洋スイマーズ	2時間21分09秒	満潮 (00：36/15：59)、干潮 (08：30)
	女子10km	なし		記録なし	晴れ /27℃ / 中潮
2010年7月18日	男子10km	秋元洸輔	日本大学	2時間12分58秒	満潮 (09：04/21：28)、干潮 (03：20/14：44)
	女子10km	貴田裕美	ALSOK群馬	2時間16分45秒	晴れ /30℃ / 小潮
2011年7月17日	男子10km	土井大輔	セントラルスポーツ	2時間04分24秒	満潮 (05：11/18：52)、干潮 (12：02)
	女子10km	山口綾乃	横浜サクラ	2時間27分17秒	晴れ /33℃ / 大潮
2012年7月15日	男子10km 女子10km 男子5km 女子5km		【強風のため 中止】		満潮 (00：46/16：32)、干潮 (08：19/20：33) 曇り/30℃ / 若潮
2013年7月14日	男子10km	野原聡	日本大学	2時間04分43秒	満潮 (07：44/20：35)、干潮 (02：01/13：55)
	女子10km	浅山美貴	山梨学院大学	2時間16分14秒	曇り/32℃ / 小潮
	男子5km	日原彬	中京大学	1時間01分35秒	
	女子5km	後藤沙貴	立教大学	1時間10分06秒	

▶リレー種目 歴代優勝大学

開催日	種目	優勝者	記録	潮汐 / 天気 / 気温ほか
2006年7月16日	男子1km×4	国際武道大学	1時間23分36秒	満潮 (07:37/21:05)、干潮 (08:13/20:32)
	女子1km×4	国士舘大学	1時間35分08秒	晴れ /31℃ / 中潮
2007年7月15日	男子1km×4		【台風のため 中止】	満潮 (04:09/18:30)、干潮 (11:18/23:38)
	女子1km×4			曇り/26℃ / 大潮
2008年7月20日	男子1km×4	順天堂大学	58分23秒	満潮 (04:30/18:50)、干潮 (11:33)
	女子1km×4	国士舘大学B	1時間08分31秒	晴れ /30℃ / 大潮
2009年7月19日	男子1km×4		【強風のため 中止】	満潮 (00:36/15:59)、干潮 (08:30)
	女子1km×4			晴れ /27℃ / 中潮
2010年7月18日	男子1km×4	国士舘大学A	1時間00分49秒	満潮 (09:04/21:28)、干潮 (03:20/14:44)
	女子1km×4	なし	記録なし	晴れ /30℃ / 小潮
2011年7月17日	男子2.5km×4	順天堂大学B	2時間28分34秒	満潮 (05:11/18:52)、干潮 (12:02)
	女子2.5km×4	なし	記録なし	晴れ /33℃ / 大潮

※2012年、2013年は実施せず。

全日本福岡国際OWS

開催日	種目	優勝者	記録	日本選手の成績	記録
1996年8月10日	男子15km	グラント・ロビンソン（オーストラリア）	2時間52分43秒	2位：杉沢毅志	3時間03分11秒
	女子15km	木原珠子（日本）	3時間06分00秒		
1998年7月26日	男子25km	ユーリ・コーディノフ（ロシア）	6時間19分58秒	2位：杉沢毅志	6時間38分08秒
	女子25km	メデリン・フィリップ（オーストラリア）	6時間57分49秒	なし	記録なし
	男子5km	マーク・サリバン（オーストラリア）	49分46秒	3位：関口信人	52分50秒
	女子5km	バンビー・ボウマン（アメリカ）	53分32秒	3位：小林千春	56分23秒
1999年7月25日	男子25km	アル・マスリー（シリア）	5時間44分22秒	2位：杉沢毅志	5時間47分16秒
	女子25km	フィラー・モーガン（アメリカ）	6時間34分57秒	4位：神田直子	8時間26分03秒
	男子5km	藤本啓介（日本）	1時間17分18秒		
	女子5km	松浦綾（日本）	1時間16分24秒		
2000年7月23日	男子25km	フシ・ファビオ（イタリア）	5時間32分20秒	5位：疋田浩気	5時間45分31秒
	女子25km	ビオラ・バリ（イタリア）	5時間51分11秒	なし	記録なし
	男子5km	林真也（日本）	1時間18分13秒		
	女子5km	坂本あゆみ（日本）	1時間19分38秒		

※1996年、1998年は福岡県福岡市大原海水浴場にて開催。1999年、2000年は同市シーサイドももち海浜公園にて開催。

東京・マラソンスイミング（開催地：東京都港区お台場海浜公園）

▶歴代優勝者（選手権の部）

開催日	種目	優勝者	所属	記録	潮汐／天候・気温ほか
2009年8月20日	男子1500m	東 翔	順泳会	18分25秒	満潮（04：14／17：38）、干潮（10：54／23：12）
	女子1500m	山口綾乃	SP報徳金沢	20分19秒	晴れ／32℃／大潮
2010年9月20日	男子1500m	東 翔	順泳会	18分09秒	満潮（02：50／16：09）、干潮（09：25／21：45）
	女子1500m	小口綾乃	日本体育大学	19分04秒	曇り／29℃／中潮
2011年9月18日	男子1500m	土岐健一	セントラルスポーツ	18分00秒	満潮（08：23／19：27）、干潮（01：37／13：35）
	女子1500m	貴田裕美	ALSOK群馬	18分41秒	晴れ／32℃／中潮
2012年9月30日	男子1500m	中島拓海	多治見西高	18分21秒	満潮（04：52／17：06）、干潮（11：00／23：10）
	女子1500m	谷口憂羅	コナミ高崎	20分33秒	晴れ／30℃／大潮
2013年9月29日	男子1500m	富内檀	山梨学院大学	17分47秒	満潮（14：03）、干潮（06：42／20：02）
	女子1500m	貴田裕美	ALSOK群馬	18分31秒	晴れ／26℃／長潮

▶駅伝種目歴代優勝チーム（選手権の部）

開催日	種目	優勝者	記録	潮汐／天候・気温ほか
2010年9月20日	男子750m×4	日本体育大学	40分23秒	満潮（02：50／16：09）、干潮（09：25／21：45）
	女子750m×4	日本女子体育大学	42分16秒	曇り／29℃／中潮
2011年9月18日	男子750m×4	日本大学B	39分46秒	満潮（08：23／19：27）、干潮（01：37／13：35）
	女子750m×4	日本女子体育大学	42分52秒	晴れ／32℃／中潮
2012年9月30日	男子750m×4	セントラルスポーツ	38分39秒	満潮（04：52／17：06）、干潮（11：00／23：10）
	女子750m×4	セントラルスポーツ	42分08秒	晴れ／30℃／大潮
2013年9月29日	男子750m×4	立教大学B	39分04秒	満潮（14：03）、干潮（06：42／20：02）
	女子750m×4	セントラルスポーツ	39分27秒	晴れ／26℃／長潮

MEMO

DATE   .   .

MEMO

DATE   .   .

執筆者紹介 （所属・執筆当時・掲載順）

鷲見全弘	（公益財団法人日本水泳連盟　理事・OWS委員会委員長）	1章-3, 2章, 3章-1・2・3・4・5・6, 5章-1・2・3, 付録-5・6
大貫映子	（公益財団法人日本水泳連盟　評議員・OWS委員会委員）	1章-1
日野明徳	（公益財団法人日本水泳連盟　理事・日本泳法委員会委員長）	1章-2
遠藤直哉	（公益財団法人日本水泳連盟　医事委員会委員,国立スポーツ科学センター メディカルセンター[医師・内科]）	3章-1・6, 5章-4
金岡恒治	（公益財団法人日本水泳連盟　理事・医事委員会委員長,早稲田大学 教授）	3章-1, 5章-4
成田崇矢	（公益財団法人日本水泳連盟　医事委員会委員,健康科学大学 准教授）	3章-2・5
加藤知生	（公益財団法人日本水泳連盟　医事委員会副委員長,桐蔭横浜大学 教授）	3章-2・5
清水　顕	（公益財団法人日本水泳連盟　医事委員会委員・アンチ・ドーピング委員会委員,なめがた地域総合病院[整形外科部長]）	3章-7
守谷雅之	（公益財団法人日本水泳連盟　OWS委員会委員）	4章
原　怜来	（公益財団法人日本水泳連盟　OWS委員会委員・科学委員会委員）	4章
小峯　力	（公益財団法人日本水泳連盟　OWS委員会委員,中央大学 教授,日本ライフセービング協会 理事長）	5章-1・2・3・5
藤澤　崇	（公益財団法人日本水泳連盟　OWS委員会委員）	5章-1・2・3・6
浦久保和哉	（公益財団法人日本水泳連盟　OWS委員会委員）	6章, 付録-4
丸笹公一郎	（公益財団法人日本水泳連盟　OWS委員会委員）	付録-1・2・3

執筆協力

入谷拓哉	（公益財団法人日本水泳連盟　OWS委員会セイフティ・オフィサー,日本ライフセービング協会）
石井英一	（公益財団法人日本水泳連盟　OWS委員会セイフティ・オフィサー,日本ライフセービング協会）
安田春曉	（公益財団法人日本水泳連盟　OWS委員会セイフティ・オフィサー,日本ライフセービング協会）

編集協力

武藤芳照	（公益財団法人日本水泳連盟　評議員,日体大総合研究所 所長,東京大学名誉教授）

オープンウォータースイミング教本　改訂版
©Japan Swimming Federation 2006, 2014　　NDC785／viii, 167p／24cm

初版第1刷	———	2006年12月20日
改訂版第1刷	———	2014年 7月 1日

編者	———	公益財団法人日本水泳連盟
発行者	———	鈴木一行
発行所	———	株式会社大修館書店
		〒113-8541　東京都文京区湯島2-1-1
		電話03-3868-2651（販売部）　03-3868-2299（編集部）
		振替00190-7-40504
		［出版情報］http://www.taishukan.co.jp

装丁・本文デザイン	———	島内泰弘デザイン室
イラスト	———	阿部彰彦
カバー写真	———	フォート・キシモト
写真提供	———	アシックス、デサント、ミズノ、フットマーク株式会社
		日本ライフセービング協会、笹川スポーツ財団
印刷所	———	横山印刷
製本所	———	ブロケード

ISBN4-469-26761-7　　Printed in Japan
Ⓡ本書のコピー、スキャン、デジタル化等の無断複製は著作権法上での例外を除き禁じられています。本書を代行業者等の第三者に依頼してスキャンやデジタル化することは、たとえ個人や家庭内での利用であっても著作権法上認められておりません。

＊本書に対するお問い合わせ等は、葉書か手紙で下記宛にお願いいたします。
　〒150-8050　東京都渋谷区神南1-1-1　岸記念体育館内　（公財）日本水泳連盟「OWS委員会」宛